Estancias

ÆREA | *carménère*

Manuel Hochandí

Estancias

861   Hochandí, Manuel
H   Estancias / Manuel Hochandí -- Riells i
       Viabrea : RIL editores-Ærea | Carménère,
       2026.

       204 pág. ; 23 cm.

       ISBN: 978-84-10248-82-3

       1 POESÍA ESPAÑOLA. 2 LITERATURA ESPAÑOLA.

Ærea | *carménère*

Serie fundada por Eleonora Finkelstein y Daniel Calabrese
Edición al cuidado de Paco Najarro

ESTANCIAS
Primera edición: febrero de 2026

© Manuel Hochandí, 2026

© Ærea, 2026

Un sello de RIL® editores
SEDE SANTIAGO DE CHILE: Los Leones 2258 • CP 7511055 Providencia
(56) 22 22 38 100 • ril@rileditores.com • www.rileditores.com

SEDE VALPARAÍSO • valparaiso@rileditores.com

SEDE ESPAÑA • europa@rileditores.com • www.rileditores.es

Composición y diseño: RIL® editores
Diseño de colección: Marcelo Uribe Lamour
Imagen de portada: Joris Hoefnagel, *Plate 54: Hairy Dragonfly and Two
Darters*. Cortesía de la National Gallery of Art, Washington

Impreso en España • *Printed in Spain*

ISBN: 978-84-10248-82-3
Depósito Legal: GI 202-2026

A Manuel Flete, amigo.
Merecía una estancia mejor
y más larga.

Creo que la rana es una obra maestra
y que la zarzamora podría adornar
los salones del paraíso.

WALT WHITMAN
SONG OF MYSELF

¿Por qué nos quejamos de la naturaleza?
Ella se ha portado bondadosamente: la vida,
con que sepas servirte de ella, resulta larga.

LUCIO ANNEO SENECA
SOBRE LA BREVEDAD DE LA VIDA

La vida es solo batalla

JOSÉ ÁNGEL LOSADA
PRONTUARIO

En 2020 la editorial Centícora publicaba *Poesía elemental*, obra póstuma del poeta sevillano Demetrio Meléndez Díez (1971-2018), donde el verso se daba cita con los elementos químicos. Un título de polémica edición[1] que solo un año y medio después, en noviembre de 2021, asumía con solvencia la editorial RIL España[2]. Será el acceso a esta segunda versión la que influya de manera definitiva y explique la escritura del poemario que ahora presentamos; texto que, como aquél, también aúna ficción literaria y cultura científica.

Ópera prima de Manuel Hochandí (Badajoz, 1978), *Estancias*[3] puede, en cierto modo, considerarse continuadora de la citada obra de Meléndez Díez, pues si allí se poetizaba la base química que nos conforma, aquí se habla del resultado, de la consecuencia biológica de su interacción; es decir, de la vida, de ese asombroso e indescifrable misterio.

«Ah de la vida… ¿Nadie me responde?»[4]. Así, lanzando al aire una desgarradora pregunta, sin más interlocutor que quien la hace y sin otra respuesta que los «antaños»

---

1   No reproduciremos aquí los inesperados y agrios enfrentamientos que esta obra suscitó en algunos de los miembros que por entonces formaban parte de aquella editorial, divididos entre defensores y contrarios a su publicación.

2   Meléndez Díez, Demetrio. *Poesía elemental*. RIL Editores, 2021.

3   El nombre hace referencia a la tercera entrada que da el diccionario de la RAE a la palabra. Estancia: «permanencia durante cierto tiempo en un lugar determinado».

4   Soneto titulado «Represéntase la brevedad de lo que se vive, y cuán nada parece lo que se vivió». *Francisco de Quevedo, poesía varia*. Edición de James O. Crosby. Editorial Cátedra, pág. 158

vividos que sale de su apremiante invocación, comienza uno de los más hermosos y sobrecogedores sonetos de Francisco de Quevedo y de todo el siglo de oro de la lírica española.

Más de trescientos setenta años después de ser escrito[5], cabe replantear la cuestión y preguntarse: «Ah, ¿qué es la vida?... ¿Nadie me responde?»

De nuevo, como en el caso del maestro barroco, resultará difícil que alguien conteste de manera categórica al apostrofe, o que lo haga advirtiendo que su respuesta, si esta no es dogmática, de ningún modo será inapelable ni definitiva, pues se dará desde un punto de vista subjetivo, originada en el seno de una perspectiva que llevará implícito un sesgo, una orientación propia y contrapuesta quizá a la de otros enfoques, a la de otros modos de entender el mundo, ya sean científicos, filosóficos o de carácter religioso. Una visión, por lo demás, subordinada siempre a un determinado contexto, a un espacio y a un tiempo concretos. Será, en definitiva, una respuesta parcial, fragmentada, mutable, nunca concluyente; siempre sujeta a interpretación.

A la complejidad de conocer en toda su dimensión qué entendemos por vida se añadirá la serie de cuestiones que su propia presencia arrastra, y que igualmente parecen inmunes al intento de responderlas con rotundidad: ¿qué o quién hizo posible la aparición de la vida?, ¿qué determina la infinidad de formas en la que se manifestó en el pasado y adopta hoy en nuestro planeta?, ¿dónde, aparte del nuestro, es posible su existencia?, y, en tal caso, ¿cómo será? ¿La vida es aleatoriedad o cometido?, ¿es azar o función?, ¿casualidad o propósito? ¿Puede haber vida sin el soporte de la materia?, ¿qué supondrá el éxito de las futuras terapias para rejuvenecer y alargar la existencia, que actualmente se están investigando con todo tipo de me-

---

5   El poema forma parte de *El Parnasso Español, monte en dos cumbres dividido, con las nueve musas castellanas...* Madrid, 1648. Hay acceso al primer texto impreso en la web de la Biblioteca Nacional .

dios humanos y tecnológicos e ingentes presupuestos?, ¿estamos asistiendo al nacimiento de una nueva forma de vida con el desarrollo de la inteligencia artificial y de un transhumanismo a las puertas?...

El secreto de la vida como el núcleo de un cometa que va dejando en su trayectoria cósmica una vaporosa y larga estela de incógnitas.

Desvelar por qué unas especies viven más o menos tiempo forma parte de uno de esos enigmas. O, para ser precisos, puede decirse que formaba. Una investigación realizada hace unos años por científicos del Centro Nacional de Investigaciones Oncológicas halló «un patrón universal, un fenómeno de la biología que explica la duración de la vida de las especies», según afirmaba en 2019 la entonces directora del CNIO María Blasco. La conclusión del estudio establecía que la mayor o menor duración de una especie guarda una estrecha relación con la velocidad de acortamiento de los telómeros; es decir, de los extremos de los cromosomas que se encuentran en el núcleo celular y cuya función es la de proteger el material genético que albergan[6].

Es aquí, en esta variable de la vida, en la distinta longevidad propia de cada especie, donde Manuel Hochandí halla el fundamento, el motivo para abordar la escritura de *Estancias*.

En ella y, como señalábamos al principio, en la inspiración que supuso para él la lectura de *Poesía elemental*, creación con la que comparte, como veremos, ciertas similitudes.

Sirva como primer ejemplo la coincidencia en el empleo del verso libre, tanto en su acepción métrica[7] como

---

6   *La voz de Galicia*, 9/7/2019

7   Recordemos que el verso libre es aquel que no está sujeto a rima ni a metro o medida silábica determinada. Por tanto, el título (*Estancias*), no hace referencia a la forma estrófica del mismo nombre «formada por más de seis versos endecasílabos y heptasílabos que riman en consonante al arbitrio del poeta, y cuya estructura se repite a lo largo del poema» (DLE).

en la libertad para hacer de él un objeto poético infrecuente: la química orgánica entonces y un ámbito de la biología ahora. En palabras del autor pacense, una poesía concebida «sin cortapisas temáticas» de ningún tipo.

Otra de las similitudes con la obra del escritor sevillano la hallamos en la inclusión de un conjunto de notas asociadas a cada poema[8]. Nacidas de los encuentros mantenidos con el autor (la última a solo dos semanas de llevar a imprenta), redactadas por nuestros editores de contenidos en colaboración con el poeta, y de lectura opcional[9], tienen como fin ofrecer una interpretación de los versos lo más precisa y completa posible[10].

No obstante las similitudes, sería erróneo etiquetar *Estancias* de mero calco respecto de la obra de Meléndez Díez, como pone de relieve la existencia de sensibles diferencias entre ambos poemarios, siendo quizá la más notable el tono en que están concebidos: Hochandí nos ofrece una poesía si no gozosa, al menos sí carente del abatimiento que desprenden las páginas de *Poesía elemental*, más apesadumbradas conforme avanzan los poemas, y definitivamente amargas en las últimas.

---

8   A fin de facilitar su lectura, se opta por situar los versos en las páginas pares y sus glosas en las impares, de tal modo que poema y comentario queden enfrentados en la misma área impresa. Con idéntico criterio, esta misma disposición gráfica se mantiene cuando la extensión de los escolios sobrepasa el tamaño de una página, casos en los que duplicamos el poema en la siguiente, resaltando solo los versos que precisan comentario.

9   Zanjamos de este modo la controversia que suscitó en su día la publicación ya mencionada de *Poesía elemental* (Centícora, 2020), motivada por aquellos miembros de la editorial que defendían la pertinencia de incluir anotaciones anexas a los poemas frente a quienes en el seno del mismo sello se mostraron obstinadamente en contra.

10   La inserción de glosas está indicada en el poema mediante números volados.

El contraste entre uno y otro poemario se manifiesta igualmente en la falta de alusiones autobiográficas en cualquiera de los poemas que conforman *Estancias*, frente a las que con frecuencia y solapadamente se iban engastando en la obra del poeta andaluz, cuya atribulada vida dejó en no pocos versos una impronta indeleble.

Así mismo, las dos creaciones divergen en el lugar donde aparecen referencias a otras obras literarias. Mientras el autor sevillano las distribuye por todo el cuerpo del poema, aquí las hallamos casi en su totalidad en los versos de inicio, cada uno de los cuales se compuso sobre la base del título de otras tantas obras pertenecientes a épocas, géneros y estilos diferentes[11].

Por lo que se refiere al contenido, *Estancias* queda adscrita a la amplísima nómina de textos en los que literatura y naturaleza se funden. Una unión que lo emparenta, por ejemplo, y sin salir del ámbito extremeño más reciente, con la prosa de *Lecciones de zoología básica en mi jardín*[12].

En verso, este poemario se dirige a todos aquellos lectores y lectoras que quieran aproximarse al universo vital y siempre fascinante de nuestro entorno y deseen conocer, entre otras curiosidades, qué especie no logra amanecer dos veces seguidas, o cuál de las innumerables[13] que

---

11   Esta intertextualidad entre el género lírico y el narrativo es lo que el profesor Juan José Lanz denomina «titulo-cita» cuando se refiere al recurso empleado por Luis Alberto de Cuenca en algunas composiciones de su extensa producción poética.

12   Serie de relatos destinados a lectores de todas las edades, que componen un precioso (y preciso) tratado de entomología escrito por el mirabeleño Adolfo Gómez Tomé, minuciosa y magistralmente ilustrado por la villanovense Susana Santos Donoso (*vid.* Bibliografía).

13   Es desconocido el número de especies que forma, en palabras del naturalista Joaquín Araujo, la «multiplicidad de lo viviente», y los cálculos realizados para cuantificarla difieren notablemente entre sí. El más completo hasta la fecha, pero ya desfasado (2011) situaba el número de especies animales en torno a los siete millones setecientos mil, y en unas trescientas mil las de plantas (cantidades que no incluyen las del resto de reinos biológicos: protozoos, hongos y chromistas). Se estima que esas cifras millonarias solo representan un quince por ciento del total.

pueblan la Tierra existía siglos antes de la invención de la escritura[14] y aún vive.

Ellas dos forman parte de la lista de seres vivos[15] que recorren el libro, dispuestos en orden creciente atendiendo a su longevidad; o, lo que es lo mismo, en función de la menor o mayor «estancia» que una determinada especie pasará en el planeta[16].

Y todas, con sus correspondientes anotaciones, se cierran con un código QR[17] mediante el cual se accede a imágenes e información adicional relacionadas con las especies poetizadas, entre las cuales, adelantamos, no se encuentra ninguna sujeta fatalmente a «la conciencia temerosa de la caducidad de los días»[18].

Un índice de los poemas, una tabla titulada *Protagonistas*, donde se relacionan los nombres científicos y comu-

---

14   Escritura cuneiforme hallada en Uruk, ciudad sumeria del sur de Mesopotamia, actual Irak.

15   Salvo una perteneciente al reino de las plantas, todas las restantes son especies animales. Esa, aproximadamente, es la proporción existente en la naturaleza entre unas y otros.

16   Llegados a este punto, consideramos oportuno diferenciar dos términos biológicos que, a menudo, tienden a confundirse, singularmente cuando hacen referencia a la especie humana: esperanza de vida y longevidad no son conceptos equiparables. La diferencia entre los dos términos la explica con claridad el paleoantropólogo Juan Luis Arsuaga: «la esperanza de vida (calculada al nacer o a cualquier otra edad) es una variable de la población: cada una tiene la suya (los españoles tenemos la nuestra) y puede mejorar con la alimentación, la higiene y la sanidad. Por el contrario, la longevidad es una propiedad de la especie: no viven los mismos años los ratones que los elefantes. Claro está que un elefante concreto puede morir antes que un ratón concreto, pero los elefantes más viejos viven mucho más que los ratones más viejos, de manera que podemos definir la longevidad como la duración potencial de la vida en cada especie...». Artículo completo en: «¿Eternamente viejos?». *El periódico* 01/03/2019.

17   QR: *Quick Response code*, código de respuesta rápida.

18   Es decir, la nuestra. Pecellín Lancharro, Manuel. «Rafael Rufino Pérez Morillón». *Relumbres de espejuelos*, página 363.

nes de las especies contenidas en *Estancias,* y otra sobre el tiempo medio de vida de los seres vivos que recorren sus páginas, junto con la bibliografía y la procedencia de los códigos QR completan el libro.

«¿Qué es la vida?: un frenesí. ¿Qué es la vida?: una ilusión, una sombra, una ficción...», se pregunta y responde el protagonista de *La vida es sueño,* una de las obras de teatro más celebradas de Pedro Calderón de la Barca, otro eminente autor de nuestro segundo siglo de oro[19].

Una vez más, «qué es la vida», la duda planteada por Segismundo hace casi cuatrocientos años[20] valida la idea de que resolver cuál es su sentido último supone enfrentarse a una tarea cuando menos difícil, pues una de las respuestas que obtendremos al formularla será solamente «ilusión, sombra, ficción».

A falta de certezas, disfrutemos de ella de la mejor forma que podemos hacerlo: admirando su majestuosidad, la manera inverosímil que tiene de abrirse paso en los ambientes más inesperados y bajo las condiciones menos propicias, contemplando su multiplicidad, viviéndola generosa e intensamente. Contamos para ello con el auxilio de la literatura. En ella encontraremos otras formas de vida, más vida.

---

19   *La vida es sueño.* Monólogo de Segismundo. Acto II.

20   La obra se estrenó en torno a 1635.

En la orilla

En la orilla[1]
bailan las letras:
alfa al caer la tarde,
omega tras la danza[2].
Instante, apenas soplo[3]
la vida en la ribera.
Nada después,
solo un incendio
de alas consumidas[4].

[1] *En la orilla* es el título de la novela (2013) del escritor valenciano Rafael Chirbes. «Una isla que se esfuerza por serlo», como afirmó de él Manuel Vázquez Montalbán, fue autor de un «archipiélago» de espléndidas narraciones, como *Los disparos del cazador, La larga marcha* o *Crematorio* (Premio Dulce Chacón 2008, entre otros galardones). *En la orilla*, «la gran novela de la crisis», fue premiada en 2014 con el Francisco Umbral al Libro del año y el Premio de la Crítica Literaria Valenciana. Obtuvo también el Premio ICON al Pensamiento, el de la Crítica de narrativa castellana y el Nacional de Narrativa.

[2] *alfa... omega.* Primera y última letra del alfabeto griego. El binomio lingüístico, con el significado de principio y fin, aparece en dos ocasiones en el libro del *Apocalipsis* en alusión a la figura de Jesucristo («Yo soy el Alfa y la Omega, el Principio y el Fin». Ap 21:6, Ap 22:13). En este contexto se entiende como metáfora de nacimiento y muerte.

[3] *Instante, apenas soplo.* El verso, al igual que el siguiente, remite a parte de la obra poética del escritor zafrense Luciano Feria: *El instante en la orilla* (1989) y *De la otra ribera* (2004); ambos, junto con *Fábula del terco* (1996), compendiados en *Sentido y melancolía* (2020).

[4] *un incendio de alas consumidas.* Tras pasar la mayor parte de su vida como ninfa en el fondo de arroyos, ríos y lagos, la *Dolania americana*, emerge del agua trasformada en un insecto alado. Al atardecer de finales de primavera o comienzos de verano machos y hembras crean auténticas nubes sobre la superficie del agua donde pasaron la mayor parte de su existencia. El apareamiento, conocido como "danza nupcial", tiene lugar en pleno vuelo y dura apenas unos minutos (*un soplo*). Cuando finaliza la cópula, las hembras fenecen a los cinco minutos, justo después de depositar sus huevos en el agua, y en menos de una hora morirán los machos, periodos de tiempo que hacen de la *Dolania* la especie animal con la vida adulta más corta conocida. La existencia de efímeras, como la *Ephemera dánica* (ver QR), está

documentada desde la antigüedad grecorromana (Aristóteles, Plinio el Viejo…) y son múltiples las referencias literarias que la emplean como metáfora de la fugacidad de la vida. Una muy reciente puede verse en *227 páginas* (2023), novela de un viejo conocido del autor, el también extremeño F. M. Muñoz.

Ephemera danica

Si te dicen que caí

Si te dicen que caí [1],
cuenta que el error lo hizo[2],
que el yerro trajo la caída.
Esa la causa,
más razón no hubo.
¿El crimen?, parecer[3];
no ser, el castigo[4].

[1] *Si te dicen que caí.* Extraído de una estrofa del *Cara al Sol*, el himno de la Falange, *Si te dicen que caí* es el título de la quinta novela del escritor barcelonés Juan Marsé (seudónimo de Juan Faneca Roca). Publicada en 1973 en Ciudad de México, lugar donde ganó la primera edición del Premio Internacional de Novela, su distribución en España fue retenida por la censura cuando la editorial Seix Barral la editó en 1976, varios meses después de la muerte del dictador. En 1989, Vicente Aranda llevó esta cruda y poliédrica crónica de la posguerra a la gran pantalla.

[2] *cuenta que el error lo hizo.* Mediante la personificación, figura retórica que consiste en atribuir a cosas, plantas y animales cualidades que son propias de los seres humanos, y recurso literario que veremos en toda la obra, el poema se resuelve como un monólogo en el que un ejemplar de típula aventura a un oyente imaginario cuál será la tragedia que muy probablemente le aguarda.

[3] *parecer.* La anatomía de estos insectos alados, similar a la de un mosquito de gran tamaño, determina su fin, dado que es ese parecido el que frecuentemente conduce a querer deshacerse de ellos ante el temor infundado de que la picadura esté relacionada con la longitud de su cuerpo tubular, el considerable tamaño de sus patas filamentosas y su gran envergadura alar (los ejemplares tropicales pueden alcanzar los diez centímetros). Un miedo injustificado, toda vez que estos dípteros no están en absoluto emparentados con la familia de los mosquitos; solo se alimentan de néctar, no de sangre, tampoco transmiten enfermedades y son por completo inofensivos, salvo para las raíces de algunos cultivos y plantas ornamentales en su fase larvaria.

[4] *el castigo.* El cierre del poema conecta de manera evidente con la novela del escritor ruso Fiódor Dostoyevski *Crimen y castigo* (1866). Al igual que el protagonista de la obra («¿Por qué vive?... ¿Es ella útil para alguien?»), el verso nos traslada esa terrible idea, tristemente extendida en varios momentos de la historia, de presuponer la existencia de seres insignificantes a los que es

lícito eliminar. Si bien aquí, al contrario que en la ficción, terminar con uno de estos insectos no parece que vaya a provocar en ningún Raskólnikov la menor muestra de arrepentimiento.

Tipula oleracea

El árbol de la ciencia

3

El árbol de la ciencia[1]
arraiga hondo,
crece incesante,
prolonga alto y lejos sus ramas.
Da más sombra a la tierra,
a las manos más fruto;
guarece y procura[2].
Árbol de hoja firme,
planta que a ti debe[3]
densidad, extensión,
solidez, altura.

[1] *El árbol de la ciencia* es, en palabras del autor, «el libro más acabado y completo de todos los míos, en el tiempo en que yo estaba en el máximo de energía vital». En él, el escritor traslada la visión pesimista sobre la realidad española que caracterizó a la generación noventayochista a la que Pío Baroja pertenece. El título de su novela procede de las palabras del Génesis: «Yahvé Elohim tomó al hombre y lo instaló en el jardín del Edén para que lo cultivara y protegiera, y le dio esta orden: podrás comer de todos los árboles del jardín, pero no del árbol del conocimiento, llamado de la ciencia del bien y del mal, porque el día que comas de él, morirás» (Gn 2,16-17).

[2] *guarece y procura*. Contrasta con la advertencia bíblica la propuesta del poema: el árbol de la ciencia no acaba con la vida; al contrario, la ciencia, como sostiene Andrés Hurtado, el protagonista de la novela, frente a la opinión descreída que sobre ella manifiesta su tío Iturrioz, es crucial para el progreso de la humanidad, pues en el «análisis» científico, se encuentra el instrumento que permite eliminar los «monstruos [que habitan] en el seno de la noche».

[3] *que a ti debe*. A través de la botánica, el autor subraya que una de las especies más utilizadas en el desarrollo de las múltiples y crecientes ramas del árbol científico, especialmente en la de medicina, es la *Drosophila melanogaster*. Comúnmente conocida como mosca de la fruta o mosca del vinagre, la afinidad genética de este insecto con animales vertebrados y con el ser humano ha contribuido desde hace más de un siglo a la investigación en multitud de dolencias y enfermedades neurodegenerativas, hematológicas, oftalmológicas, cuadros de epilepsia, cardiopatías, etc. Fácil de mantener en cautiverio y de rápida y numerosa reproducción, su manipulación en laboratorio permite estudiar una determinada patología a través del tiempo. Considerada para la ciencia un organismo modelo (idóneo para la investigación), se cuentan por millares los estudios que tienen como protagonista a una criatura de apenas 3 milímetros de largo y una milésima de gramo.

Drosophila melanogaster

El sueño de una noche de verano

4

El sueño de una noche de verano[1]
se desvanece.
Un metal[2]
profana la utopía
de volver al tiempo sin ausencias,
al lugar feliz que era la infancia.
Roto el espejismo,
sale de su paz el centinela,
atento al asalto
que vendrá en silencio[3]
cuando se rinda al cansancio la vigía.
Amanece
sobre los muros del vencido[4]
y evidencia la luz
señales de conquista.
Testigo de la toma[5]
es la mañana.

¹ *El sueño de una noche de verano* (*A Midsummer Night's Dream*) es una pieza teatral del dramaturgo inglés William Shakespeare. El título también suele traducirse como *El sueño de una noche de san Juan* o *El sueño del solsticio de verano*, ya que ambas acepciones del término inglés "Midsummer Night" tuvieron en su día igual significado. La coincidencia cronológica entre una y otra fecha se debe a que en el año en que la obra fue escrita, hacia 1594 o 1596, Inglaterra se regía por el calendario juliano (el calendario gregoriano no se adoptó hasta 1752), y el día más largo solía coincidir con la festividad del santo (24 de junio); día más o menos próximo pero no exacto al de la noche con menor duración de todas, momento astronómico que, en función del año, acontece entre el 20 y el 22 de junio.

² *metal.* Entre otras acepciones, de este modo se denomina al conjunto de instrumentos de viento de una banda u orquesta. Uno de ellos, la trompeta, conduce directamente al soneto que Francisco de Quevedo dedicó al objeto poético de este poema, el mosquito: «...Trompetilla que toca a bofetadas... Cupido pulga, chinche trompetero».

³ *silencio.* El mosquito común, al igual que las más de 3500 especies catalogadas hasta la fecha, introduce por la saliva un compuesto anestésico, anticoagulante y vasodilatador antes de succionar la sangre de mamíferos, aves o reptiles. De este modo, *en silencio*, logra no ser percibido; y es así como inoculan los patógenos contenidos en sus glándulas salivales. El Zika, el dengue, el virus del Nilo, la fiebre amarilla, la malaria, la leishmaniosis, la lengua azul..., que portan en ellas, hacen de los cínifes el trasmisor de enfermedades más mortífero para cualquiera de los seres vivos de los que estos insectos hematófagos se alimentan.

⁴ *los muros del vencido.* La misma sustancia es, además, la causante de la reacción alérgica que se manifiesta sobre la piel humana (*muros*) en forma de eritema acompañado de picor; prueba inequívoca de la *conquista* culminada por el «ministril de las ronchas y picadas».

[5] *la toma.* En la imaginaria batalla que se libra en el poema entre defensores y asaltantes, el sustantivo *toma* adquiere un doble sentido: como exitosa operación militar y como ingesta; la de la sangre que los mosquitos hembra extraen de animales vertebrados y de humanos, con el fin de obtener la proteína necesaria para producir huevos.

Culex pipiens

La lengua de las mariposas

5

La lengua de las mariposas[1]
canta el paso[2]
que viste el aire[3]
con llamas transeúntes.
Habla su idioma[4]
de vientos pintados,
incandescencia
y pólvora.
Es fuego de artificio el vuelo,
estampida de la policromía[5].

[1] *La lengua de las mariposas.* Segundo de los dieciséis relatos que componen ¿Qué me quieres, amor? (1995), del escritor y periodista gallego Manuel Rivas, obra por la que obtuvo el Premio de Narrativa Torrente Ballester el año de su publicación y el Nacional de Narrativa al siguiente. Con guion adaptado de Rafael Azcona, tuvo en 1999 una versión cinematográfica dirigida por José Luis Cuerda.

[2] *canta el paso.* El recurso de la personificación permite poner voz a unas mariposas que cantan un paso, un viaje. Y si algún animal de la familia de los lepidópteros protagoniza una ruta que merece ser cantada esa es la de la mariposa monarca. Originaria de Norteamérica, este insecto volador recorre a comienzos de otoño e inicios de invierno más de 4 000 kilómetros a través de dos rutas: desde Canadá al centro de México (itinerario oriental) y desde el oeste de las montañas Rocosas al sur de California (occidental). Antaño numerosa, la deforestación por el aumento de tierras de cultivo y el uso de herbicidas ha provocado que la especie esté hoy catalogada como vulnerable, sobre todo debido a la alarmante disminución de la superficie de algodoncillo, única planta donde las mariposas monarcas depositan sus huevos, de la que exclusivamente se alimentan sus orugas, y la que constituye la defensa más eficaz frente a los depredadores, gracias a la capacidad de las monarcas para metabolizar y almacenar las toxinas del vegetal, química que resulta venenosa para las aves, reptiles y pequeños mamíferos que tienen como presas a mariposas similares. No en vano, entre los numerosos nombres que recibe, al algodoncillo se le conoce también como venenillo o mataganado. Jaime Rojo, fotoperiodista madrileño que ha consagrado su carrera al estudio de esta «estrella de rock de la biodiversidad» añade como causa de la disminución de las poblaciones de monarcas los cambios que se están produciendo en el clima, un factor que a la larga puede suponer también el fin de sus extraordinarios viajes: «Los inviernos ya no son tan fríos en Estados Unidos, y algunas mariposas se están quedando en Texas. Es poco probable que la mariposa monarca se extinga, pero vamos a perder la magia de su migración».

5

La lengua de las mariposas[1]
canta el paso[2]
que viste el aire[3]
con llamas transeúntes.
Habla su idioma[4]
de vientos pintados,
incandescencia
y pólvora.
Es fuego de artificio el vuelo,
estampida de la policromía[5].

[3] *que viste el aire.* El verso parece tomar prestado el comienzo de la *Oda a Salinas* («El aire se serena/ y viste de hermosura y luz no usada»), obra compuesta entre 1577 y 1580 por Fray Luis de León para Francisco de Salinas, organista invidente y catedrático de música de la Universidad de Salamanca, institución académica donde entabló amistad con el poeta, docente y humanista agustino.

[4] *idioma.* Las mariposas del poema no usan la lengua, esa «trompa enroscada como el muelle de un reloj» (Rivas), para introducirla en el cáliz de la flor y libar su néctar; la emplean para exaltar la travesía, la gesta de su congéneres monarcas, hazaña que solo logra completar un tercio del total de individuos que la emprenden. Un regreso a las zonas donde pasan el invierno que el pueblo mexicano mazahua (Estado de México y Michoacán) asocia con la llegada de las almas de los antepasados que, año tras año, vuelven para visitar a sus familiares vivos.

[5] *policromía.* Las características y llamativas manchas naranjas de sus alas se inscriben dentro de unos trazos de color negro combinados con una serie de motas blancas situadas en los extremos. De acuerdo con estudios recientes elaborados en 2023 por la universidad estadounidense de Georgia, este diseño no es casual sino que cumple una ventajosa función para el vuelo, ya que mientras las líneas negras absorben calor, las diminutas áreas blancas lo reflejan. Este contraste genera una imperceptible diferencia térmica en el aire que rodea las alas pero suficiente para crear una turbulencia en torno a ellas capaz de favorecer la sustentación y ofrecer menos resistencia al aire, lo que se traduce en un ahorro de energía indispensable para resistir la agotadora migración que emprenden anualmente. Un patrón cromático similar se ha observado en aves que recorren largas distancias, como el albatros (plumaje interior blanco y exterior negro).

Danaus plexippus

La rosa de los vientos

6

La rosa de los vientos[1]
sabe que las cianeas[2]
y jades[3]
son gemas suspendidas en el aire.
Adornos que se ciernen[4]
sobre el agua
como ingrávidas[5]
balanzas quietas[6].
Vidrieras que llevan luz
a los caminos del cielo[7].

[1] *La rosa de los vientos.* Una rosa de los vientos o rosa náutica es un gráfico circular con forma de estrella de cuatro a treinta y dos puntas, cada una de las cuales representa los distintos rumbos (norte, oeste, sureste, oeste-suroeste...) en los que se divide la circunferencia del horizonte. Usada en navegación aérea, marítima, en cartografía o meteorología (indica la dirección o componente del viento), la vemos representada en brújulas, mapas, cartas náuticas..., y da título a la novela (1915) de quien en 1926 fuese la primera mujer española candidata al Premio Nobel de Literatura: la escritora cántabra Mª de la Concepción Jesusa Basilisa Rodríguez-Espina y García-Tagle, más conocida como Concha Espina.

[2]*cianeas.* Un ente inanimado como una rosa de los vientos adquiere cualidades humanas (*sabe*), al tiempo que el animal al que están dedicados los versos, la libélula, acaba transformado en objeto, en un pedazo de lapislázuli o *cianea*, piedra semipreciosa de gran dureza y muy apreciada en trabajos de orfebrería desde Mesopotamia y el Egipto faraónico a las culturas precolombinas, pasando por las civilizaciones del lejano oriente, y mineral del que se obtenía el codiciado y costoso azul de ultramar, el "oro azul", un pigmento de gran durabilidad empleado por la mayoría de los grandes maestros de la pintura (Giotto, Fra Angelico, Patinir, Tiziano, Vermeer...) hasta que en el siglo XIX comenzó a sustituirse por un color sintético de características similares pero mucho más asequible y fácil de obtener. En el poema, el color y brillo del lapislázuli se relaciona con el que los machos de este insecto muestran en su abdomen.

6

La rosa de los vientos[1]
sabe que las cianeas[2]
y jades[3]
son gemas suspendidas en el aire.
Adornos que se ciernen[4]
sobre el agua
como ingrávidas[5]
balanzas quietas[6].
Vidrieras que llevan luz
a los caminos del cielo[7].

[3] *jades*. A diferencia de los machos, cuyo color es azulado (*cianeas*), el de las hembras de libélula *Anax imperator* es, como estas piedras preciosas, predominantemente verde.

[4] *Adornos que se ciernen*. Siguiendo los primeros modelos de estilo *Art Nouveau*, Tiffany & Co., la firma neoyorquina fundada en 1837, sigue fabricando hoy joyas (*adornos*), lámparas, accesorios... decoradas con motivos geométricos e inspirados en la naturaleza. Un repertorio ornamental este último en el que predominan las libélulas, insectos voladores capaces de cernerse. De una de las acepciones de la forma pronominal del verbo cerner (movimiento característico de ciertos animales por el que permanecen inmóviles en el aire batiendo las alas a gran velocidad) deriva el nombre de un ave rapaz: el cernícalo.

[5] *ingrávidas*. Se adivina el eco machadiano («yo amo los mundos sutiles, ingrávidos y gentiles como pompas de jabón»).

[6] *balanzas*. Consultando la etimología en el Diccionario de la RAE encontramos la conexión que establece el poeta entre el instrumento de medición de pesos y el motivo del poema: «Libélula: Del latín científico *libellula*, diminutivo de *libella*, en latín nivel, balanza, porque se mantiene en equilibrio en el aire».

[7] *cielo*. El diseño anatómico y alar de caballitos del diablo y libélulas les permite quedar *suspendidas en el aire* o desplazarse en todas direcciones (*caminos*). En el caso del *Anax imperator*, la especie de mayor tamaño que existe en Europa, a la asombrosa velocidad de casi 100 kilómetros por hora. La maniobrabilidad en vuelo de estos paleópteros (insectos voladores que no pueden recoger sus alas sobre el abdomen, a diferencia de los más recientes o neópteros) ha servido de base a la ingeniería aeronáutica para desarrollar vuelos robóticos como los que realizan los drones.

Anax imperator

Nada

7

Nada[1]
distingue trabajos y días[2].
No contempla recesos el destino[3],
tampoco asuntos propios ni festivos.
Cerca o lejos del trono[4]:
continua entrega[5],
cesión al todo[6].

¹ *Nada.* Con esta novela una desconocida y jovencísima Carmen Laforet ganó en 1944 la primera edición del Nadal, el premio literario más antiguo de España creado por Ediciones Destino, sello perteneciente desde 1996 al Grupo Planeta.

² *trabajos y días.* Alusión a los 828 versos que componen el poema griego *Trabajos y Días.* Conjunto de «fábulas, mitos consejos, máximas y calendario agrícola de valor didáctico» (Rodríguez Adrados) escritos por Hesíodo a finales del siglo séptimo o comienzos del sexto antes de nuestra era.

³ *el destino.* Dilogía, doble sentido. El destino como empleo u ocupación, y también en el sentido clásico del término: «fuerza desconocida que obra irresistiblemente sobre los dioses, los hombres y los sucesos» (DLE). El hado o sino impuesto por la biología a las abejas obreras.

⁴ *Cerca o lejos del trono.* Entre las principales labores a las que las obreras destinan parte de su vida está la de cuidar de la reina (*el trono*). La reducida longitud de su lengua (probóscide o glosa) hace que esta tenga que ser alimentada constantemente con jalea real, sustancia producida por las glándulas hipofaríngeas de las obreras nodrizas. Semanas después de su etapa larvaria, la enjambradera saldrá del panal para emprender vuelos nupciales en los que será fecundada por uno o varios machos (zánganos), que morirán tras el apareamiento con la única abeja fértil de cuantas componen la colonia. A partir de entonces, en una vida que puede prolongarse de tres a cinco años, la reina irá depositando millares de huevos que garantizarán la pervivencia del enjambre.

⁵ *continua entrega.* De las abejas obreras puede decirse que su existencia está dedicada por entero *Al servicio secreto de su Majestad,* nombre con el que el escritor y miembro de la inteligencia británica Ian Fleming tituló su decimoprimera novela (1963) protagonizada por el agente secreto James Bond. *On Her Majesty›s Secret Service,* título original, fue llevada al cine seis años después.

7

Nada[1]
distingue trabajos y días[2].
No contempla recesos el destino[3],
tampoco asuntos propios ni festivos.
Cerca o lejos del trono[4]:
continua entrega[5],
cesión al todo[6].

[6] *cesión al todo.* Tanto en el interior como fuera de la colmena las obreras desempeñarán tareas indispensables para que el enjambre sobreviva. En las dos primeras semanas de vida tendrán el cometido de limpiar el panal de cualquier impureza o parásito y prepararán las celdas hexagonales para que la reina deposite dentro los huevos a los que procurarán calor. Una vez eclosionados, alimentarán a las crías y taparán las celdillas para que las larvas completen la metamorfosis hasta convertirse en imagos (ejemplares adultos) machos o hembras. Entre la segunda y tercera semana serán estas las que desarrollen glándulas cereras con las que construir panales, mientras que a los veintiún días, y hasta el fin de su ciclo vital (unos tres meses), abandonarán la colmena para realizar otras funciones, como recolectar el polen y el néctar convertido en miel, alimento que transferirán boca a boca (trofalaxis) a las crías. Ellas serán también las encargadas de ventilar la colmena para mantener una temperatura constante, seguirán alimentando a la reina con jalea real, suministrarán agua a la colmena, o la defenderán de los depredadores, dado que los machos carecen de aguijón. Esta división del trabajo según la edad se conoce como polietismo temporal, característica que comparten con otras especies como las termitas o las hormigas. Sin duda, el ejemplo de abeja obrera más conocido es el de Maya, un himenóptero ficticio cuyas peripecias, junto a las de otros miembros de la colmena y su entorno, fueron recogidas en *Las aventuras de la abeja Maya,* un cuento de 1912 escrito por Waldemar Bonsels. Lejos del idílico e inocente mundo que transmitió la serie de animación japonesa de los años setenta, y habida cuenta del antisemitismo y las simpatías filonazis del autor alemán, hay quien ve en el perfecto funcionamiento de la colmena (*el todo*) que se describe en la obra de Bonsels un trasunto de sociedad totalitaria, donde la colectividad disuelve en ella el sentir y el criterio del individuo. Relacionado con el universo apícola, cabe destacar en España el enjambre de personajes literarios que desfilan en *La colmena,* novela de 1951 escrita por el nobel Camilo José Cela, narración adaptada al cine (1982) por Mario Camus. O *El espíritu de la colmena,* de Víctor Erice, inspirada en el ensayo *La vida de las abejas* (1901), del poeta, dramaturgo, ensayista y premio nobel belga Maurice Maeterlinck.

Apis mellifera

La buena lluvia sabe cuándo caer

8

La buena lluvia sabe cuándo caer[1],
y acude servicial
al rezo de la isla.
Agua tibia de otoño[2]
que bañará los árboles,
limpios para ser lecho[3].
Después la tierra,
nido y escudo,
abrazará el relevo
de los que apenas fueron.
En las sombras de la selva
detiene y pone en marcha el mundo
un reloj de abril[4]
y arena.

¹ *La buena lluvia sabe cuándo caer.* Anchee Min, escritora, fotógrafa y compositora de origen chino y afincada en Estados Unidos publica en 2015 su séptima novela autobiográfica. Tomado de un verso del poeta chino Du Fu (712-770), el título contrasta con el cataclismo que causan en el mediterráneo peninsular las lluvias torrenciales asociadas a una dana (depresión aislada en niveles altos de la atmósfera), como las que a finales de octubre de 2024 arrasaron varias poblaciones levantinas.

² *Agua tibia de otoño.* A comienzos de noviembre, con la llegada de la estación lluviosa a Madagascar, eclosionan los huevos del camaleón de Laborde, epónimo dado por su descubridor, el naturalista francés Alfred Grandidier en homenaje a su compatriota Jean Laborde, aventurero, industrial y cónsul en la *isla* durante el reinado de Radama II (1861-1863). A comienzos de año, pasados dos meses, las crías llegan a su madurez, y los machos, fácilmente distinguibles por la protuberancia de su hocico, competirán violentamente entre ellos a fin de aparearse con las hembras.

³ *árboles, limpios para ser lecho.* La época de celo y la cópula de este animal endémico tienen lugar en los bosques del oeste de Madagascar. De extensión similar a la península Ibérica, es la cuarta isla con mayor superficie del planeta.

⁴ *abril.* A comienzos de primavera, con el inicio de la estación seca (*reloj de arena*) en la región occidental del país, las hembras exhiben un deslumbrante colorido metálico, al tiempo que ponen sus huevos bajo tierra; nidada que permanecerá incubándose durante unos ocho meses hasta que, avanzado el otoño, comience la estación de lluvias (nota 2) y las crías salgan a la superficie. Instantes después de enterrar la puesta, todas ellas perecen, al igual que la totalidad de los ejemplares machos, completando el ciclo vital más breve de cuantos vertebrados terrestres se tiene noticia. A la par que una generación entera de camaleones de Laborde desaparece, una nueva, el *testigo*, se irá gestando en el subsuelo, en las *sombras* de la isla.

Furcifer labordi

Todos los nombres

9

Todos los nombres[1]
que emiten color
habitan donde yacen
visibles los naufragios.
El pintor, pigmento y lienzo a la vez[2],
lleva blancos, negros, ocres consigo,
y un azul cobre dentro escondido[3].
A ráfagas, pincel que mana grises,
rojos, verdes, violetas, amarillos…,
mecánica obediencia a lo sentido[4].
El medio dicta las formas[5],
salva el mensaje[6].
Máscara, disfraz, espejo[7]:
fingir será[8]
permanencia en el fondo.

[1] *Todos los nombres.* La novela escrita en 1997 por el nobel portugués José Saramago está protagonizada por su tocayo don José, curiosamente, el único nombre propio que aparece en ella. Fue este título el adoptado por la Asociación Andaluza de Memoria Histórica y Justicia y la Confederación General del Trabajo de Andalucía para nombrar la base de datos sobre víctimas de la represión franquista en Andalucía, Extremadura y Norte de África.

[2] *El pintor, pigmento y lienzo a la vez.* En fondos marinos de escasa profundidad (*visibles los naufragios*) vive una de las más de trescientas especies de pulpos catalogados hasta la fecha: el pulpo imitador. Descubierto en los mares tropicales del sudeste asiático en 1998, puede, como otros octópodos, camuflarse mimetizando colores del entorno (homocromía), imitación que consigue gracias a unas diminutas cápsulas pigmentarias llamadas cromatóforos y a la activación de las células reflectoras de la luz que se encuentran en su epidermis.

[3] *un azul cobre dentro escondido.* La coloración natural de este cefalópodo está formada por bandas ocres de distintos tonos, combinadas con otras blancas y negras, mientras que el *azul* que *el pintor* esconde en su interior es el de la sangre del animal. Propia de los pulpos y de otras especies como los crustáceos, y a diferencia de nuestra hemoglobina, roja por la presencia de hierro, la tonalidad cerúlea de estos animales es debida a la hemocianina, la proteína de cobre que permite a sus tres corazones bombear oxígeno a todo el organismo. En sentido literal, no metafórico, puede afirmarse que estos moluscos sí son de sangre azul.

[4] *mecánica obediencia a lo sentido.* Como cualquier otro pulpo, cuando este animal detecta un peligro o pretende hacerse con una presa se camufla instantáneamente cambiando de color.

9

Todos los nombres[1]
que emiten color
habitan donde yacen
visibles los naufragios.
El pintor, pigmento y lienzo a la vez[2],
lleva blancos, negros, ocres consigo,
y un azul cobre dentro escondido[3].
A ráfagas, pincel que mana grises,
rojos, verdes, violetas, amarillos...,
mecánica obediencia a lo sentido[4].
El medio dicta las formas[5],
salva el mensaje[6].
Máscara, disfraz, espejo[7]:
fingir será[8]
permanencia en el fondo.

[5] *dicta las formas.* Mediante la paronomasia o semejanza fonética «normas, formas», el poeta nos muestra al entorno (*el medio*) como un legislador imaginario que determina qué anatomía adoptará el animal. En efecto, además de la mímesis cromática, este pulpo es capaz de imitar la figura de otros seres vivos, bien como mecanismo de ocultación (cripsis) bien para mostrarse ante posibles depredadores como una manifiesta advertencia de peligro (aposematismo).

[6] *El medio... el mensaje.* Los versos apuntan a la célebre afirmación «el medio es el mensaje» (1964), del sociólogo, escritor y filósofo canadiense Herbert Marshall McLuhan. En el poema, *el mensaje*, la información recibida del entorno, es el que *salva* de la amenaza.

[7] *espejo.* Gracias a la capacidad de estos cefalópodos para mimetizarse cromáticamente, a poseer el sistema nervioso más evolucionado de todos los invertebrados, a la ilimitada movilidad de sus brazos (los pulpos, a diferencia de calamares o sepias, no tienen tentáculos) y a la capacidad táctil y gustativa de las ventosas que los recorren, el pulpo mimo puede desplazarse por el agua imitando el aspecto de más de media docena de animales, desde rayas, medusas y platijas hasta serpientes marinas venenosas.

[8] *fingir.* La sorprendente estrategia de estos animales para sobrevivir (el nombre griego *Thaumoctopus* puede traducirse como octópodo asombroso) pasa no solo por imitar el color y el aspecto de otros moradores del *fondo* marino donde viven, sino también por adoptar sus movimientos; apariencia motriz que logran extendiendo o plegando los brazos en función de la amenaza o la oportunidad de capturar una presa que se presente. Mientras en este caso la simulación garantiza la vida; en otros, como se ha visto, parecer lo que no es reduce las posibilidades de supervivencia (páginas 23-26).

Thaumoctopus mimicus

Mil y una noches

Mil y una noches[1].
La mitad basta[2]
para crear progenie,
contar[3]
generaciones,
ver descendencias.
Tiempo de sobra
si no despierta la serpiente [4]
para recordar al mundo
que del árbol de la ciencia[5]
también soy raíz[6],
grosor, extensión, altura.

¹ *Mil y una noches*. En el poema se prescinde del artículo que habitualmente precede al título (las). Es la misma omisión que emplea el arabista malagueño Salvador Peña Martín para su premiada traducción (2016) de estos cuentos orientales.

² *La mitad basta*. Unos quinientos días, en términos generales, suele ser la esperanza de vida del ratón común.

³ *contar*. Solo en un año las hembras de este roedor pueden engendrar hasta diez camadas de entre tres a doce crías cada una. Aislado, el infinitivo contar puede interpretarse en su acepción expositiva (narrar), en clara alusión al contenido de la obra que encabeza el poema. Sin embargo, es el sentido aritmético del término (numerar) el que en realidad tiene, como revela el verso siguiente que lo completa: *generaciones*.

⁴*serpiente*. Además de ofidios, son depredadores naturales de los ratones domésticos las aves rapaces, los zorros, los hurones, las mangostas, los gatos… y las personas. Dentro de las historias narradas por Sherezade, hallamos un ejemplo en la mujer protagonista de "El ratón y la comadreja", relato salvavidas contado en la noche ciento cincuenta. Estos dos mismos animales figuran mucho antes en las fábulas de Esopo y Fedro, y bastante después lo harán en las de Samaniego. Por otro lado, el verso completo (*si no despierta la serpiente*), está claramente inspirado en el poema del romántico inglés Percy B. Shelley, esposo de Mary Wollstonecraft (Mary Shelley), autora de *Frankenstein o El moderno Prometeo*.

⁵*ciencia*. Poseer un genoma muy similar al nuestro y una rápida capacidad reproductiva hacen de los ratones domésticos (en especial los de cepa albina) un ejemplo de *in anima vili*; es decir, de animal en el que se practican experimentos clínicos previos al ensayo en humanos.

⁶ *también soy raíz…* Escrito en primera persona, el hablante lírico no olvida que su especie es también uno de los modelos

biológicos más utilizados en investigaciones bioquímicas y bio-médicas. A medio camino entre el reproche y la burla, y con el propósito de que su relevancia en el desarrollo de la ciencia sea tenida en consideración, el protagonista del poema recurre a palabras ya escritas en otro anterior (ver página 28).

Mus musculus

Mientras estamos muertos

Mientras estamos muertos[1]
no hay riesgo,
nada arredra,
huye el peligro[2].
Flor a medio abrir la boca
y un mirar obsidiana
los engaña.
Nieve indiferente al roce[3],
y ya caída viciar el aire[4],
los espanta.
Poblar la jungla[5]
exige a veces
vivir sin estar vivo[6].

[1] *Mientras estamos muertos*. Obra del escritor, dramaturgo y ensayista José Ovejero, el título de la novela ganadora en 2023 del decimoctavo Premio Dulce Chacón de Narrativa Española permite a Hochandí dar a conocer una de las singularidades más sorprendentes del reino animal: la tanatosis, el comportamiento desarrollado por algunos animales consistente en fingir su muerte bien para dar caza (como el kaligono, un pez del lago Malawi) o bien, más comúnmente, para evitar el ataque de los depredadores, estrategia que de distintas maneras adopta la rana arborícola de Brasil, la culebra de collar, el vencejo, la codorniz japonesa o, en el poema, la zarigüeya de vientre blanco (*Didelphis albiventris*).

[2] *peligro*. Con aspecto de roedor, este marsupial característico de áreas tropicales y zonas templadas de Sudamérica cuenta con enemigos en tierra (jaguar, zorro de las pampas, tigrillo, humanos...), agua (yacaré, piraña...) y aire (águila arpía). Gracias al ardid de parecer un cadáver evita que estos mamíferos y rapaces muestren interés en cazarlo.

[3] *indiferente al roce*. Además de esta, en el continente americano existen cuatro subespecies de zarigüeyas. Todas exteriorizan el mismo comportamiento cuando se ven amenazadas: comienzan enseñando los dientes y emitiendo un potente gruñido para ahuyentar el peligro. Si no logra alejarlo, el animal se enrosca, tensa y endurece los músculos, entreabre la boca (*flor a medio abrir*) y deja a la vista sus ojos de un intenso color negro (*obsidiana*). En paralelo, habrá disminuido su temperatura corporal (*nieve*) y aminorado el ritmo cardiaco y la respiración, hasta dar al depredador la impresión real de estar frente a un cuerpo inerte.

Mientras estamos muertos[1]
no hay riesgo,
nada arredra,
huye el peligro[2].
Flor a medio abrir la boca
y un mirar obsidiana
los engaña.
Nieve indiferente al roce[3],
y ya caída viciar el aire[4],
los espanta.
Poblar la jungla[5]
exige a veces
vivir sin estar vivo[6].

⁴ *viciar el aire.* La «gambá», uno de los numerosos nombres que recibe en Brasil (en Bolivia se le conoce como jarachupa; «comadreja» en Argentina y Uruguay, o mykuré en Paraguay) permanece completamente inmóvil mientras el depredador merodea a su alrededor. Amenaza que huirá velozmente tan pronto como la zarigüeya comience a secretar por sus glándulas anales un repugnante olor a descomposición similar al que desprendería una presa muerta.

⁵ *la jungla.* Gracias a una extraordinaria capacidad de adaptación, la zarigüeya de vientre blanco ocupa ecosistemas muy diferentes (montañas de hasta cuatro mil metros de altura, llanuras, estuarios, lagunas, zonas pantanosas y selvas del subcontinente americano). Como hábitat, el nombre adquiere en el verso un sentido literal y también simbólico: la *jungla,* la selva, es el de territorio hostil donde día tras día se pone a prueba la supervivencia animal y la humana.

⁶ *vivir sin estar vivo.* En su libro *La zarigüeya de Schrödinger. Cómo viven y entienden la muerte los animales,* Susana Monsó, doctora en Filosofía por la Universidad Nacional de Educación a Distancia y profesora ayudante en el Departamento de Lógica, Historia y Filosofía de la Ciencia de esta universidad, compara la estrategia de las zarigüeyas con la paradoja del gato de Schrödinger, una manera de interpretar el fenómeno de la mecánica cuántica según la cual el felino está vivo y muerto al mismo tiempo. Desde el punto de vista literario, el verso lleva a los poetas místicos del primer siglo de oro Teresa Sánchez de Cepeda (santa Teresa de Jesús) y Juan de Yepes Álvarez (san Juan de la Cruz): *vivo sin vivir en mí...*

Didelphis albiventris

Lo raro es vivir

12

Lo raro es vivir[1]
en las cercanías de lo extremo[2]
cuando el hogar está hecho de frío
y solo una hoja inerte
es toda la distancia
que media entre la piel y la noche[3].
Sí, lo raro es vivir
sin más asilo que la nieve,
albergue blanco
que una mano de luz[4]
irá quitando
a ritmo lento[5]
para que fluya el pulso bajo el hielo[6]
y dos mundos esperen el latido[7].

[1] *Lo raro es vivir.* Novena novela (1997) de la escritora Carmen Martín Gaite, ganadora junto con el poeta José Ángel Valente del entonces Premio Príncipe de Asturias de las Letras (hoy Princesa) en la edición de 1988.

[2] *cercanías de lo extremo.* Los bosques de Canadá y de Alaska son algunos de los hábitats de las ranas de la madera, uno de los pocos anuros capaces de sobrevivir en un entorno con temperaturas glaciales.

[3] *la noche.* Durante el invierno, el sol apenas sobrepasa la línea de horizonte en las zonas circumpolares del hemisferio norte. Son semanas de una oscuridad completa solo atenuada por la débil luz crepuscular que llega al mediodía.

[4] *una mano de luz.* Con el regreso de la primavera a estas latitudes, los primeros rayos de sol calientan la hojarasca o el mantillo cubierto de nieve donde se ha refugiado la rana durante su letargo. El aumento de temperatura comenzará entonces a derretir el hielo acumulado en las estaciones más frías.

[5] *a ritmo lento.* El verso esconde otra narración de Carmen Martín Gaite, *Ritmo lento,* escrita en 1963.

[6] *el pulso bajo el hielo.* Tras una hibernación que puede superar los doscientos días, y soportando más de veinte grados bajo cero, las ranas de la madera vuelven poco a poco a la vida e inician su ciclo reproductivo en humedales de agua dulce. Sobrevivir a estas condiciones tan adversas es posible gracias a que son capaces de aumentar la concentración de urea y glucosa en las células, sustancias anticongelantes que actúan como barrera contra la congelación e impiden que los cristales de hielo las dañen. Llegado el momento, la estructura celular volverá a recuperar los niveles apropiados para recobrar todas las funciones vitales, empezando por *el latido* del corazón.

[7] *y dos mundos esperen el latido.* El terrestre y el acuático, por la condición anfibia de la *Lithobates sylvaticus.*

Lithobates sylvaticus

Los hombres del mar

Los hombres del mar[1]
llevan a puerto
capturas y leyendas,
fantasías mezcladas con especias,
fábulas en cargamentos de seda,
el mito y el sustento entre las redes[2].
Navegantes llegados de mil mares
bajan pronto a tierra[3]
para contar historias de dragones[4]
que nadan en un remoto azul[5].
En torno a los marinos
la multitud escucha curiosa.
Alguien pregunta si bajo el agua
pueden escupir fuego[6].

[1] *Los hombres del mar.* A través del título de esta novela, del escritor alemán Konrad Hansen, el poeta nos introduce en el mundo de leyendas que hablaban de monstruos capaces de engullir barcos enteros entre sus fauces, o de hundirlos apresados entre gigantescos brazos.

[2] *el raito.* La creencia en criaturas fantásticas ha formado parte del imaginario de todas las culturas a través del tiempo. De la *Teogonía* de Hesíodo (siglo VIII-VII a.C.) a las crónicas castellanas de Indias, pasando por la *Historia natural* de Plinio el Viejo (siglo I), *Sobre la naturaleza de los animales* de Claudio Eliano (siglos II y III), el *Physiologus* (*El naturalista,* anónimo escrito entre el siglo segundo y cuarto de nuestra era), las *Etimologías* de san Isidoro de Sevilla (siglo VII), o los bestiarios medievales, la descripción de seres fabulosos fue una constante en los textos de Occidente. Por lo común, los críptidos (animales míticos) no eran sino una deformación hiperbólica de especímenes reales, como era el caso del kraken, con toda probabilidad confundido con un pulpo o calamar gigante, o el unicornio marino, hoy identificado con el narval.

[3] *bajan pronto a tierra.* Un tiempo verbal presente (*escucha, pregunta*) nos sugiere en el poema que el universo criptozoologico sigue vigente. El monstruo del lago Ness en Europa; el yeti en Asia; el chupacabras en América; el amali en África; el yowie en Oceanía, son solo algunos de los innumerables ejemplos de fauna quimérica, cuya existencia aún se considera cierta en tradiciones atávicas de los cinco continentes.

[4] *historias de dragones.* El dragón de agua común pertenece a la familia de los signátidos, un grupo de peces marinos que incluye al pez dragón foliado, al pez pipa y al caballito de mar o hipocampo, nombre que procede de una criatura «que tiene la parte anterior de su cuerpo igual a la de los caballos, mientras el resto termina en forma de pez» (*Etimologías,* Libro XII. «Acerca de los animales»). Pariente del pez dragón (notas 4 y 5), en la antigüedad grecorromana el hipocampo aparecía con frecuencia representado en monedas, cerámicas, mosaicos o estelas funerarias tirando del carro del dios del mar (Poseidón/Neptuno) o cabalgado por alguna nereida.

Los hombres del mar[1]
llevan a puerto
capturas y leyendas,
fantasías mezcladas con especias,
fábulas en cargamentos de seda,
el mito y el sustento entre las redes[2].
Navegantes llegados de mil mares
bajan pronto a tierra[3]
para contar historias de dragones[4]
que nadan en un remoto azul.[5]
En torno a los marinos
la multitud escucha curiosa.
Alguien pregunta si bajo el agua
pueden escupir fuego.[6]

[5] *un remoto azul*. Una sinécdoque, figura literaria donde la parte (el color) designa al todo (el mar), es empleada para aludir a las aguas poco profundas de la costa sur australiana y de la isla de Tasmania donde vive el pez dragón común. Un pez cuyos machos, como sucede con otros signátidos, son los que se ocupan de fertilizar y llevar consigo la puesta salida del vientre de las hembras. Si bien, a diferencia de los caballitos de mar (ver nota 3), y a semejanza del dragón de mar foliáceo, esta especie no la deposita dentro del abdomen sino en un saco externo situado bajo la cola. A él estará adherida por espacio de cuatro semanas hasta que el centenar de diminutas crías, idénticas a sus progenitores, eclosionen y salgan a mar abierto o a las aguas de algún acuario.

[6] *escupir fuego*. Un cuerpo fusiforme de llamativo color rojo, moteado con pequeñas manchas amarillas y listas púrpuras, hocico cilíndrico fino y alargado, aletas y apéndices en forma de hoja dan a este curioso pez una lejana apariencia de dragón, animal mítico en buena parte de Oriente y temible para la tradición occidental (de san Jorge a los dragones de *Juego de Tronos*). Sin embargo, los apenas cincuenta centímetros de longitud de los ejemplares de mayor tamaño y la ausencia de dientes (se alimentan succionando pequeños crustáceos) ninguna imagen de ser monstruoso pueden dar ni producir temor alguno. Desconocemos, por tanto, si ese *alguien* que en el poema escucha e interpela a quienes afirman haber visto la silueta de un pez dragón nadando en un mar lejano lo hace guiado por la curiosidad, por la fascinación que le produce aquello que se dice, o, por el contrario, pone en su duda una buena carga de ironía.

Phyllopteryx taeniolatus

El suelo bajo sus pies

El suelo bajo sus pies[1]
avanza en paralelo a la techumbre.
Fábrica humilde,
igual materia los une,
y un mismo color sombra
recorre el firme
o los muros que sustentan.
Sobria arquitectura de subsuelo[2],
diseña quien la eleva[3]
interiores sin adornos.
En la heredad donde surca el tacto[4]
poco importa el decorado
si las mañanas nunca llegan dentro.
También fuera
hubo a quien tampoco
besaba el día[5].

[1] *El suelo bajo sus pies.* Amenazado de muerte desde 1989 por la publicación de *Los versos satánicos* (1988), y víctima del ataque de un fanático en 2022, el escritor de origen indio Salman Rushdie da este nombre a su sexta novela, editada en 1999. Como su recorrido biográfico (actualmente tiene la nacionalidad británica y estadounidense), el relato transcurre entre la India, Inglaterra y los Estados Unidos.

[2] *arquitectura de subsuelo.* A varios centímetros bajo tierra vive y se reproduce el animal al que está dedicado el poema: el topo ibérico, un pequeño mamífero con un tamaño medio de unos diez centímetros de longitud y cincuenta gramos de peso.

[3] *diseña quien la eleva.* Se da en este verso una buscada contradicción con el anterior, al relacionar lo subterráneo con el verbo elevar. No obstante, una interpretación más escrupulosa con la realidad nos dice que hay algo de cierto en esta aparente antítesis, pues es frecuente apreciar a simple vista pequeñas elevaciones de tierra procedentes de sus túneles excavados bajo el suelo, o reparar en los llamados «cordones», montículos de escasa altura que indican el paso del animal abriéndose camino por las galerías cuando estas se encuentran próximas a la superficie. Verdaderos laberintos bajo tierra, suelen tener entre cuatro y cinco centímetros de alto por otros tantos de ancho, superando algunos los cincuenta metros de longitud. A un nivel más profundo, las hembras (uno de los pocos casos de mamíferas intersexuales) excavan un nido circular cuyo fondo han cubierto de hierba seca y hojas caídas, un lecho sobre el que paren y donde crecen las crías, madriguera visible a veces al exterior como un pequeño túmulo. Cuando el recorrido de los túneles transcurre entre sembrados los topos ocasionan daños a las raíces de las hortalizas de bulbo (cebolla, zanahoria, remolacha, rábano...) o a tubérculos como la patata, plantas de las que se alimentan y motivo por el cual se les considera una plaga y se tiende a exterminarlos.

14

El suelo bajo sus pies[1]
avanza en paralelo a la techumbre.
Fábrica humilde,
igual materia los une,
y un mismo color sombra
recorre el firme
o los muros que sustentan.
Sobria arquitectura de subsuelo[2],
diseña quien la eleva[3]
interiores sin adornos.
En la heredad donde surca el tacto[4]
poco importa el decorado
si las mañanas nunca llegan dentro.
También fuera
hubo a quien tampoco
besaba el día[5].

[4] *donde surca el tacto.* Los ojos de los topos quedan ocultos bajo el denso pelaje negro que cubre todo su cuerpo, a excepción de la boca, del extremo de las patas traseras y de las potentes garras delanteras que usan para socavar, por lo que apenas se sirven de la vista para desplazarse por la topera, convirtiendo el *tacto* en su sentido más desarrollado. La capacidad de estos animales para avanzar por el subsuelo se concentra en las vibrisas, unas cerdas localizadas en el hocico que actúan como receptores sensoriales y con las que se orienta y atrapa presas, principalmente lombrices. En cuanto al léxico, el verbo *surcar* ha de interpretarse de dos maneras: con el sentido de hacer surcos en la tierra, pero también como acepción vinculada a campos semánticos marítimos o aéreos («caminar por un fluido rompiéndolo o cortándolo», DLE) contrapuestos al medio terrestre donde estos pequeños herbívoros e insectívoros pasan la mayor parte de sus vidas.

[5] *a quien tampoco besaba el día.* En la segunda entrada de la palabra topo el diccionario de la RAE dice: «Persona que, infiltrada en una organización, actúa al servicio de otros». Obviamente, resulta del todo imprescindible que quienes se dedican a labores de espionaje pasen desapercibidos, que su trabajo permanezca en la sombra, no salga a la luz (al *día*). En el contexto de la posguerra española también se conocieron como «topos» (término acuñado por los periodistas Manu Leguineche y Jesús Torbado para su trabajo de investigación del mismo nombre: *Los topos,* 1977) a los centenares de combatientes, políticos, simpatizantes y cargos afines a la II República que, hasta el Decreto Ley de indulto de 1969 (más de tres décadas después del inicio de la Guerra Civil), permanecieron durante años ocultos en un granero, en un almacén, en el sótano de su negocio, en el desván de su casa, parapetados en ella detrás de un muro, de un mueble, o escondidos en la vivienda de algún familiar.

Talpa occidentalis

Más allá del invierno

15

Más allá del invierno[1]
una parte del mundo
asiste a un horizonte de aromas
de par en par abiertos.
Coro es el cielo y color la tierra,
regalos que trae el mundo[2]
de ese andar solitario en plena noche[3].
Euforia el campo,
un éxtasis de relámpagos negros[4]
zigzaguea entonces la ciudad[5].
Calles que conocen vuelos
como el volar de un sueño[6].
Atardecer de ballestas[7]
que aletean ebrias sobre el asfalto.
Hoces segando el viento [8]
a ras de suelo [9].

[1]*Más allá del invierno.* Novela (2017) de la escritora chilena Isabel Allende.

[2] *regalos que trae el mundo.* Entre el 20 y el 21 de marzo da comienzo la primavera en el hemisferio norte (*una parte del mundo*), fecha que marca el inicio del equinoccio de otoño en el hemisferio sur. Desde hace siglos, culturas de todo el mundo han festejado y siguen celebrando la antesala del estío como una época de regeneración y prosperidad.

[3] *ese andar solitario en plena noche.* A diferencia de la poesía moralizante, satírica, burlesca (ver poema número 4) o profundamente pesimista consigo y con la patria, otro Quevedo nos lega poemas de contenido amoroso que se cuentan entre los más hermosos de toda la lírica castellana. Buenos ejemplos los hallamos en los sonetos «Amor constante, más allá de la muerte» o en «Es hielo abrasador, es fuego helado», composición donde aparece el verso en que se inspira Hochandí para componer el suyo, y origen que sirve al escritor y periodista Antonio Muñoz Molina para dar título a su novela *Un andar solitario entre la gente* (2018). El poema completo del maestro conceptista será versionado por el cantaor Miguel Poveda en el álbum *Sonetos y poemas para la libertad* (2015).

[4]*relámpagos negros.* Los vencejos comunes son de color negruzco, a excepción del plumaje blanco que presentan bajo el pico.

[5]*la ciudad.* De origen silvestre, son aves adaptadas plenamente a la vida urbana. Es en una gran ciudad, en Madrid, donde el escritor donostiarra Fernando Aramburu sitúa la novela (2021) titulada igual que estos pájaros apodiformes (de patas cortas).

15

Más allá del invierno[1]
una parte del mundo
asiste a un horizonte de aromas
de par en par abiertos.
Coro es el cielo y color la tierra,
regalos que trae el mundo[2]
de ese andar solitario en plena noche[3].
Euforia el campo,
un éxtasis de relámpagos negros[4]
zigzaguea entonces la ciudad[5]
Calles que conocen vuelos
como el volar de un sueño[6],
Atardecer de ballestas[7]
que aletean ebrias sobre el asfalto.
Hoces segando el viento[8]
a ras de suelo[9].

[6] *como el volar de un sueño.* El verso habla de una experiencia compartida entre el poeta y quienes en alguna ocasión han creído estar volando mientras dormían. Llamados sensoriales o lúcidos, volar es uno de esos sueños en los que se tiene consciencia de lo que sucede y donde lo onírico adquiere verdadera apariencia de realidad. Como se apunta en la última nota, suele tratarse de un vuelo rasante, similar al que describen los vencejos en las ciudades del sur de Europa, núcleos urbanos donde llegan a comienzos de primavera procedentes del África subecuatorial. En el poema, el sueño también guarda una estrecha relación con una de sus sorprendentes facultades, por cuanto se ha podido constatar que estos pequeños insectívoros, que pasan la mayor parte del tiempo en el aire, son capaces de dormir en pleno vuelo.

[7] *ballestas.* Metafóricamente la fisonomía de los vencejos se identifica aquí con la forma arqueada del arma.

[8]*segando el viento.* El diseño alar del *Apus apus* puede compararse igualmente con las *hoces* usadas para segar cereal y otros vegetales. No obstante, la conexión del animal con las faenas del campo va más allá de la imagen poética. Palabra polisémica (la primera acepción de vencejo recogida en el DLE es la de «ligadura con que se ata algo, especialmente los haces de las mieses»), el vínculo más estrecho con la herramienta agrícola lo encontramos en el léxico de la comunidad de Aragón, donde a los vencejos se les llama falcinos, diminutivo de falce, uno de los sinónimos de hoz.

[9]*a ras de suelo.* Del vuelo de estas aves asombra la velocidad a la que consiguen maniobrar y cambiar de dirección apenas a un palmo de distancia *sobre el asfalto.*

Apus apus

Memoria del frío

16

Memoria del frío[1]
traen los nados al agua
que unos versos antiguos[2]
saben dónde acabará.
Como imán el origen[3],
claudica el tiempo de plata y sal[4]
al empuje del instinto.
Billete de ida y vuelta.
Estación término[5]
el punto de partida.

[1]*Memoria del frío*. Primera novela (2021) del escritor madrileño Miguel Ángel Martínez del Arco, e inicio de un poema que nos sitúa en las gélidas aguas del océano Ártico, mar donde un pez eurihalino; es decir, adaptado a vivir tanto en *agua* dulce como salada, pasa una parte de su existencia.

[2]*versos antiguos*. El «*vita flumen*» (el transcurrir de la vida como la corriente de un río) es uno de los tópicos o lugares comunes que se encuentran en las *Coplas por la muerte de su padre* de Jorge Manrique; para muchos, joya indiscutible de la poesía española de todos los tiempos. «Entre los poetas míos/tiene Manrique un altar», dice de ella Antonio Machado. Son esos versos antiguos los que conocen el fin de trayecto donde los salmones, *los nados*, han pasado los primeros dos o tres años de vida, y medio fluvial a la que retornarán tras cumplir su etapa marina.

[3]*Como imán el origen*. En 2014, científicos de la universidad estadounidense de Oregón demostraron que para volver al río donde nacieron los salmones del Pacífico se guiaban por el campo magnético terrestre. Otro estudio posterior demostró que también el magnetismo (*imán*) es usado como brújula en la variedad atlántica. Es así como ambas especies se orientan para volver al lugar de sus orígenes (*el empuje del instinto*), un viaje de varios meses en el que dejan de alimentarse. Esta falta de nutrientes provoca una progresiva pérdida de masa ósea, carencia que en lo machos da lugar a la aparición de una extraña curvatura mandibular a semejanza de un garfio, deformidad que usarán para batirse con otros machos en su lucha feroz por conseguir aparearse con las hembras, cuyo abdomen, mientras, habrá ido engrosando visiblemente como consecuencia de la ovulación.

16

Memoria del frío[1]
traen los nados al agua
que unos versos antiguos[2]
saben dónde acabará.
Como imán el origen[3],
claudica el tiempo de plata y sal[4]
al empuje del instinto.
Billete de ida y vuelta.
Estación término[5]
el punto de partida.

[4] *tiempo de plata y sal.* Nacidas en ríos, las crías de salmón o «pintos», como se las conoce en el norte de España, lucen en los flancos unas manchas de color rojo de apariencia similar a la de las truchas, especie con la que están emparentadas. Cuando estos alevines crezcan se convertirán en esguines, ejemplares preparados para comenzar su migración al mar (la *sal*), medio donde su cuerpo irá adquiriendo una tonalidad metálica (*plata*), salpicada de pequeñas marcas negras en forma de aspas. Pasados unos años, los ejemplares maduros, guiados por el *instinto*, iniciarán su vuelta al lugar de nacimiento. En el transcurso de esta fase, que puede durar meses, el cuerpo del animal irá transformando su fisonomía (nota 3) y la coloración anterior cambiará a otra similar a la de un bronce moteado de rosa y negro.

[5] *Estación término.* En la cabecera de los ríos donde nacieron (*el punto de partida*) las hembras golpean con la cola el fondo del cauce hasta crear un hueco en el que desovar. Después de cubrir la freza con guijarros volverán a migrar, arrastradas por la corriente, hacia las frías aguas árticas. Las supervivientes emprenderán el viaje en compañía de los machos que también resistieron el extenuante desafío de haber nadado decenas de kilómetros a contracorriente, escaparon a la inanición, a la pesca (es conocida la tradición del "campanu", el primer salmón que se captura en ríos asturianos y cántabros en el mes de abril, y cuya venta en subasta pública alcanza precios astronómicos), o se salvaron de las fauces y garras de los depredadores. Aquellos ejemplares que lo consiguen (cada vez alarmantemente más escasos en España por la construcción de presas y azudes en los ríos, la contaminación de las aguas, la pesca furtiva...), conocidos como zancados, recobrarán su color y morfología marina, iniciando un nuevo ciclo que puede repetirse una o dos veces más en el curso de su vida. Mientras, en el lecho del río quedarán dos generaciones de salmones: la que espera en unos meses nacer en él y aquella que agotada solo espera allí su final.

Salmo salar

El bosque sabe tu nombre

El bosque sabe tu nombre[1],
tu pisar sobre la nieve,
la huella dejada cuando hay barro[2].
Te adivina en los despojos[3]
que un día abonarán la tierra,
y conoce a quién gobiernas[4],
o por qué como fantasma[5]
te haces humo gris[6].
Testigo de los miedos
que engendras y que guardas[7]
halla calma en tu voz,
canción de cuna[8]
que taladra la noche:
«Duerme y no temas»,
cantas al bosque,
«duerme y descansa,
que no viene el fuego,[9]
que hoy tampoco
andan las llamas cerca»[10].

[1] *El bosque sabe tu nombre.* Novela de la escritora bilbaína Alaitz Leceaga, finalista del Premio El Ojo Crítico de RNE de narrativa 2018 y ganadora del Premio de la Asociación de Libreros de Vizcaya en 2019.

[2] *huella dejada cuando hay barro.* El tamaño de las pisadas de un ejemplar de lobo adulto oscila según la subespecie. Las mayores pertenecen a las del lobo del Yukón, Alaska, mientras que las del lobo ibérico, protagonista del poema, tienen de promedio unos once centímetros de longitud por algo más de ocho de anchura. El dimorfismo sexual hace que las pisadas de las hembras sean más pequeñas. En cuanto a la forma, las almohadillas impresas se diferencian de las de un perro de gran porte por ser menos redondeadas y dejar marcas de uñas más largas.

[3] *despojos.* Cazar en manada, como suelen hacer los lobos, tiene la ventaja de poder atacar grandes presas. Pero también presenta el inconveniente de no siempre conseguir alimento para un grupo numeroso, razón por la cual cuando abaten una pieza mayor (un ciervo, un gamo, un jabalí…) la consumen vorazmente, dejando solo piel y huesos que, andando el tiempo, formarán abono para *la tierra.*

[4] *conoce a quién gobiernas.* En este verso descubrimos la identidad del sujeto al que se dedica el poema: el macho o la hembra alfa, los jerarcas que lideran la manada. Una familia compuesta por los descendientes (de cuatro a seis cachorros al año) y otros miembros, como «sobrinos» o hermanos. La pareja dominante es la encargada de defender el territorio, decidir hacia dónde debe dirigirse el grupo o cuál es el lugar y el momento idóneo para cazar.

[5] *fantasma.* El lobo tiende a rehuir el contacto con humanos, su máximo y único enemigo en España, donde apenas hay documentados ataques a personas. Datos que contrastan con nuestra ancestral e indiscriminada caza, que llevó al «gran matador» (Rodríguez de la Fuente) a su exterminio en buena parte de la península ibérica. Para revertir esta situación el lobo fue incluido (septiembre de 2021) en el Listado de Especies Silvestres en Régimen de Protección Especial (LESRPE). Actualmente, sin embargo, el Parlamento Europeo ha permitido flexibilizar su caza, al pasar de «estrictamente protegido» a «protegido.

El bosque sabe tu nombre[1],
tu pisar sobre la nieve,
la huella dejada cuando hay barro[2].
Te adivina en los despojos[3]
que un día abonarán la tierra,
y conoce a quién gobiernas[4],
o por qué como fantasma[5]
te haces humo gris[6].
Testigo de los miedos
que engendras y que guardas[7]
halla calma en tu voz,
canción de cuna[8]
que taladra la noche:
«Duerme y no temas»,
cantas al bosque,
«duerme y descansa,
que no viene el fuego,[9]
que hoy tampoco
andan las llamas cerca»[10].

[6] *gris.* El color del pelaje del *humo* en que se convierte el lobo al detectar presencia humana.

[7] *los miedos que engendras y que guardas.* Un temor atávico transita en ambos sentidos: desde el hombre hacia el lobo y de este hacia el ser humano. Como resultado, la convivencia entre ambas especies ha sido y sigue siendo difícil, sobre todo por el aumento de ataques al ganado allí donde la legislación lo protege. Extrañamente, a la vez que inspira terror, la fascinación que este animal ejerce en nosotros ha sido constante a través de la historia. Figura totémica de los pueblos nativos de Norteamérica, la leyenda de la loba capitolina, de los licántropos, la piel de lobo sobre el casco y armadura de los *signíferes* de las legiones romanas, la historia real del cordobés Marcos Rodríguez Pantoja, la ficticia de Mowgli, las «manadas de lobos» (flotillas de submarinos alemanes), «la guarida del lobo» (uno de los cuarteles generales de Hitler), la figura «del lobo solitario», asociada al terrorismo; la máxima *homo lupus homini* (tan injusta para el animal), las expresiones «en la boca del lobo», «verle las orejas al lobo»..., son algunos de los innumerables ejemplos del temor y atracción que estos cánidos han provocado en nosotros generación tras generación. Una historia que se remonta miles de años atrás cuando el lobo, el único gran depredador que ha sido posible domar y origen del perro fue, se piensa, la primera especie en ser domesticada (¿Siberia, hacia el 15 000 a.C.?).

[8] *canción de cuna.* El poeta altera por completo la sensación que produce la voz del lobo, transformando el penetrante y estremecedor aullido que *taladra la noche* en una nana.

[9] *que no viene el fuego.* El constante empleo de la personificación aproxima el contenido de *Estancias* a la fábula. La afinidad con ella se ve en «Si te dicen de caí», en «Mil y una noches», o en estos versos finales, donde se da voz al animal. Aquí, la letra de la canción infantil invierte el sentido del clásico «¡que viene el lobo!», la amenaza recurrente que aparece en «El pastor mentiroso», apólogo atribuido a Esopo.

[10] *las llamas.* El fuego es el principal enemigo del bosque, el destinatario de la nana. Con el verbo andar el poeta atribuye también a las llamas una condición humana, dando a entender que la mayoría de incendios forestales en España tiene raíz antrópica.

Canis lupus

Aún es de día

Aún es de día[1],
no cede el alba al ocaso[2]
por más que las horas se adentren
en las mismas entrañas de la noche.
Nadie ha invocado al cielo
para frenar al Sol,
pausa que auguraba la victoria[3]
y daba por perdidas las batallas.
Desconocen el rezo
quienes anhelan retornos[4]
y cobijan mañanas[5],
firmes frente al mar
como un bosque apenas crecido[6].
Allí, donde hay más sur,
soñar es fácil
con la luz apagada[7].

[1] *Aún es de día.* El autor de *Cinco horas con Mario* (1966), *El príncipe destronado* (1973), *Los santos inocentes* (1981)... escribe *Aún es de día* dos años después de ganar en 1947 la cuarta edición del Premio Nadal por *La sombra del ciprés es alargada.* Miguel Delibes, Premio Cervantes 1993, culminará con *El hereje* (1998) su larga y espléndida carrera literaria.

[2] *no cede el alba al ocaso.* El verso nos sitúa en el verano antártico, estación en que la luz solar permanece sobre el horizonte todo el día, siendo el mes de diciembre el de mayor insolación y temperaturas menos álgidas.

[3] *pausa que auguraba la victoria.* Por su origen extremeño, Hochandí conoce sin duda el supuesto milagro que tuvo lugar en las inmediaciones de la actual población pacense de Calera de León, cuando a mediados del siglo XIII las tropas cristianas comandadas por el maestre de la Orden de Santiago Pelay Pérez Correa vencieron a las musulmanas gracias a la intercesión de la Virgen, que detuvo el día «hasta ser fecho, i acabado el vencimiento». La leyenda, concebida quizá por el propio maestre, vincula el prodigio con la historia del eremitorio y posterior monasterio de Santa María de Tudía, lugar donde reposan los restos de Pérez Correa y otros maestres o superiores de la orden militar santiaguista. El santuario, junto con la sierra y la comarca donde se ubica, recibe hoy el nombre de Tentudía, topónimo que alude al citado milagro («Santa María, detén tu día») y fenómeno astronómico inspirado quizá en el relato bíblico de Josué (10, 12-14), en el *Cantar de Roldán* (siglo XI), o en el idéntico acaecido en la batalla de Clavijo (año 844), en cuya basílica riojana de Monte Laturce también se rinde culto a santa María de Tentudía. De la virgen extremeña y su facultad taumatúrgica existen varias alusiones históricas (cronistas de la Orden de Santiago, padre Juan de Mariana...) y literarias, como las cinco cantigas que le dedicó el rey Alfonso X (en ellas no se habla de este pero sí de otros milagros), o la «comedia famosa» de Lope de Vega *El sol parado* (1622).

18

Aún es de día[1],
no cede el alba al ocaso[2]
por más que las horas se adentren
en las mismas entrañas de la noche.
Nadie ha invocado al cielo
para frenar al Sol,
pausa que auguraba la victoria[3]
y daba por perdidas las batallas.
Desconocen el rezo
quienes anhelan retornos[4]
y cobijan mañanas[5],
firmes frente al mar
como un bosque apenas crecido[6].
Allí, donde hay más sur,
soñar es fácil
con la luz apagada[7].

[4] *anhelan retornos*. A diferencia del inicio, estos dos versos nos desvelan cuál es la verdadera estación del año en la que se desarrolla el poema y quiénes figuran en él. Mientras dura el invierno antártico (meses de abril a septiembre) los machos de pingüino emperador esperan el retorno de las hembras, que en dirección al océano han abandonado la superficie continental para acopiar alimento. Para obtenerlo, a lo largo de varias semanas se sumergirán a diario en sus gélidas aguas durante más de veinte minutos y hasta medio kilómetro de profundidad, un tiempo y una distancia inalcanzables para otras aves marinas.

[5] *cobijan mañanas*. Antes de partir hacia la costa, en un recorrido helado de varias decenas de kilómetros que cubrirán a pie o deslizándose sobre su vientre con ayuda de las alas (los pingüinos emperadores son las mayores aves marinas no voladoras), las hembras habrán depositado un único huevo que, protegido por una extensión de piel y plumas similar al marsupio de algunos mamíferos, será incubado entre las patas de los machos durante unas ocho semanas. Cuando nazcan, los polluelos recibirán el alimento almacenado en el estómago de las madres que han regresado del mar. La comunicación de estas con sus crías se realiza mediante un complejo sistema de vocalizaciones y graznidos emitidos y recibidos a una determinada frecuencia. De este modo pueden localizarlas sin error dentro de la confusa multitud de la colonia.

[6] *como un bosque apenas crecido*. Mientras dure el periodo de incubación, los emperadores machos se nutrirán con sus propias reservas, y solo cuando regresen las hembras se adentrarán en el mar para cazar peces, cefalópodos y crustáceos. Hasta ese momento habrán formado tupidos conjuntos de cientos de individuos que irán turnándose desde el centro al exterior y desde el perímetro hacia el interior del grupo para combatir el frío extremo y el viento helador de la Antártida. Gracias a este comportamiento gregario y a la densidad de su plumaje pueden soportar temperaturas medias inferiores a cuarenta grados bajo cero y una sensación térmica aún más baja.

[7] *luz apagada.* En las áreas circumpolares de la Antártida (66º-78º *Sur*), hábitat del pingüino emperador, la ausencia de luz en invierno es constante, oscuridad que enlaza el fin del poema con la película del director y novelista madrileño David Trueba: *Vivir es fácil con los ojos cerrados* (2013).

Aptenodytes forsteri

El monarca de las sombras

El monarca de las sombras[1]
conoce a fondo
cada rincón de su reino[2],
y es extenso.
Ningún rastro, contorno, merodeo,
escapa a su barrunto[3];
la vida le va en ello[4].
Desterrada la luz,
callado el monte,
la noche, el silencio[5],
un lugar prominente[6]
(sirve un risco, una rama alcanza)
aseguran el cetro[7].

¹ *El monarca de las sombras*. El verso que encabeza el poema se halla en el canto XI de la *Odisea*. Ulises, el Odiseo homérico, ha descendido al reino de los muertos y entabla un diálogo con él más valiente de los aqueos: «Noble Aquiles […], durante tu vida los argivos te honraron igual que a los dioses, y ahora, en estos lugares, tú reinas sobre las sombras... No trates, astuto Odiseo, de consolarme por mi muerte, antes preferiría servir al más miserable de los labriegos que reinar sobre todas estas sombras». De este pasaje toma Javier Cercas el título de la novela en la que narra la vida de Manuel Mena, caído en la batalla del Ebro cuando aún no había cumplido veinte años. Como el héroe griego, el joven falangista, tío abuelo del escritor y académico, parecía predestinado a morir.

² *su reino*. El búho real habita roquedales próximos a zonas boscosas, áreas desde donde domina un *extenso* territorio de caza y reproducción.

³ *barrunto*. Al igual que sucede con otras rapaces nocturnas, el búho real tiene una visión binocular similar a la humana y adaptada para ver en ambientes con poca luz. A la eficacia escrutadora de una penetrante mirada de intenso color naranja y negro se une la escucha asimétrica (cada oído percibe la más leve señal acústica de manera independiente) con la que cuentan, así como la capacidad de rotar su cuello 270 grados, cualidades que le permiten localizar presas en cualquier dirección.

⁴ *la vida le va en ello*. La base de su alimentación y la de sus polluelos está constituida por una variedad amplia de aves, reptiles, peces, anfibios, roedores y otros pequeños mamíferos, principalmente erizos, liebres y conejos. Ninguno de ellos escapará de unas garras potentes y afiladas ni de su poderoso pico, que, en función del tamaño de la caza, utilizará para desgarrarla o engullirla entera.

19

El monarca de las sombras[1]
conoce a fondo
cada rincón de su reino[2],
y es extenso.
Ningún rastro, contorno, merodeo,
escapa a su barrunto[3];
la vida le va en ello[4].
Desterrada la luz,
callado el monte,
la noche, el silencio[5],
un lugar prominente[6]
(sirve un risco, una rama alcanza)
aseguran el cetro[7].

[5] *la noche, el silencio.* Los estrígidos, familia de rapaces nocturnas a la que pertenece esta y el resto de especies de búhos, como los autillos, los mochuelos o los cárabos (las lechuzas forman parte de la familia titónida) se desplazan por el aire de manera extraordinariamente silenciosa, tanto a la hora del despegue y del aterrizaje como en vuelo. Diseñado para hacer el menor ruido y camuflarse en el entorno, la disposición, naturaleza y forma de su críptico plumaje combina plumas rígidas en el extremo delantero de las alas (borde de ataque) con otras muy flexibles en el de salida (borde de fuga). Unas y otras, de color negro, parduzco y blanquecino, y cubiertas por una densa superficie vellosa, amortiguan aún más el sonido del aleteo, haciéndolo imperceptible al oído de sus presas. El insonoro batir de sus alas en movimiento contrasta con el «buhuu, buhuu» que emiten tanto machos como hembras, un sonido onomatopéyico audible a gran distancia. En las plumas del búho real, como en las del búho chico (*Asio otus*), destacan así mismo unos característicos penachos cefálicos conocidos como «orejas».

[6] *un lugar prominente.* Pacientes cazadores, cualquier lugar elevado como la rama de un árbol o un roquedo sirven al «gran duque» de atalaya desde donde avistar a las presas y lanzarse sobre ellas sin que en ningún momento adviertan la amenaza letal que les aguarda.

[7] *el cetro.* Presente en casi toda la península ibérica, el búho real es la rapaz nocturna más grande del continente europeo. No obstante, por envergadura alar, altura y peso la supremacía mundial pertenece al búho pescador de Blakiston (*Bubo blakistoni*). Ave oriunda de la isla de Hokkaido y del archipiélago de las Kuriles (norte de Japón) habita también en Sajalin, isla situada en el extremo oriental de Rusia.

Bubo bubo

El río

El río[1],
mucho antes
de aquel muro de Berlín[2],
también separó dos mundos[3];
dos maneras de entenderlo,
modos distintos de ser y estar.
Al norte,
los adictos a la ley de la selva[4],
precursores de otra sangre[5]
mejor dotada para verter la ajena[6].
Al sur,
los bendecidos con la mansedumbre[7],
bienaventurados que salvan diferencias
a golpe
de generosa y lúdica simiente[8].

[1] *El río*. Cuento (1963) de la escritora barcelonesa Ana María Matute.

[2] *muro de Berlín*. En 1945, acabada la Segunda Guerra Mundial, la Alemania nazi fue dividida por las potencias vencedoras en cuatro áreas de ocupación: tres en la zona occidental, administradas por Estados Unidos, Francia y Gran Bretaña, y una en la oriental bajo influencia soviética. Cuatro años después, en plena Guerra Fría, se creó en el oeste la República Federal Alemana. Y meses más tarde, a instancias de la URSS, lo hará en el este la República Democrática Alemana, país donde quedó Berlín, la antigua capital del Reich y ciudad igualmente dividida en dos. Esta separación pronto dará inicio a la huida de ciudadanos de la parte oriental hacia Alemania federal. En 1961, para evitar las constantes fugas, las autoridades de la RDA levantaron una valla metálica que rodeaba toda la frontera urbana. Dos años después, esta barrera de más de cien kilómetros de longitud (la alambrada incluía la vecina ciudad de Potsdam, y discurría por zonas boscosas, ríos y lagos) será sustituida por un muro de hormigón que será reforzado en distintas fases con torres de vigilancia, fosos, alarmas y alfombras de púas. El intento de escapar del «Muro de Protección Antifascista», como fue conocido en el Este, o «Muro de la Vergüenza» en Occidente, hizo que 140 personas perdieran la vida desde 1963 hasta su caída en noviembre de 1989. Solo unos meses más tarde desaparecía la Alemania comunista. A fines de diciembre de 1991 lo hará la Unión Soviética.

[3] *separó dos mundos*. Hace unos dos millones de años la evolución escindió a los primates del género *Pan* en dos especies con notables diferencias anatómicas y comportamentales: chimpancés (*Pan troglodytes*) y bonobos (*Pan paniscus*). Hibridados al menos en dos ocasiones (hace medio millón de años la primera y unos doscientos mil la segunda), a tenor de los resultados genéticos realizados en 2016 por científicos españoles y daneses, serán las aguas del Congo, después del Amazonas el río con la cuenca hidrográfica más extensa del mundo y el más largo de África tras el Nilo, las que hagan de insalvable obstáculo natural entre ambos primates; un «muro» que los aislará definitivamente, con chimpancés habitando al *norte* del gran río y bonobos al *sur*.

El río[1],
mucho antes
de aquel muro de Berlín[2],
también separó dos mundos[3];
dos maneras de entenderlo,
modos distintos de ser y estar.
Al norte,
los adictos a la ley de la selva[4],
precursores de otra sangre[5]
mejor dotada para verter la ajena[6].
Al sur,
los bendecidos con la mansedumbre[7],
bienaventurados que salvan diferencias
a golpe
de generosa y lúdica simiente[8].

⁴ *los adictos a la ley de la selva.* Varios estudios de etología animal han demostrado el comportamiento beligerante de los chimpancés. Una agresividad que lleva a machos y hembras adultas de clanes rivales a enfrentarse a muerte por el control del territorio. La violencia suele ejercerse comúnmente contra las crías de otras tribus, e incluso hay registros de ataques hacia ellas dentro de la misma comunidad. En uno y otro caso se han documentado también episodios de homicidio y canibalismo.

⁵ *precursores de otra sangre.* El octosílabo, obviamente, hace referencia a la humana.

⁶ *mejor dotada para verter la ajena.* Desde el origen de nuestra especie (estudios actuales lo sitúan en el continente africano entre doscientos ochenta y trescientos mil años antes de nuestra era) los *casus belli* entre humanos (lucha por la supervivencia, dominio de rutas comerciales, razones sucesorias, conflictos religiosos, motivos políticos...) han sido constantes, hasta el punto de ser prácticamente imposible encontrar a través del tiempo un lugar habitado que no haya sido testigo de un combate, una batalla o una guerra. Súmese a ello la infinidad de asesinatos, masacres, genocidios que jalonan la historia del *homo sapiens* para convenir que el verso contiene una trágica e inacabada verdad.

⁷ *los bendecidos con la mansedumbre.* De complexión menos robusta que los chimpancés, los bonobos no muestran un comportamiento tan agresivo como sus parientes, seguramente por disfrutar en su entorno de mayor abundancia de alimentos. Observaciones recientes testimonian, sin embargo, que estos primates también rivalizan entre sí (los machos, incluso, con más frecuencia), si bien las peleas solo tienen lugar entre individuos de un mismo grupo y no entre tribus distintas, son mucho menos violentas, y rara vez se dirigen contra las hembras, que suelen dominar el clan y protegerse entre sí. La bendición, no obstante, esconde casos de comportamientos muy violentos, como el documentado en la selva Salonga de la República Democrática del Congo el 18 de febrero de 2025, cuando cinco hembras

atacaron salvajemente a un ejemplar macho por haber agredido a la cría de una de ellas.

[8] *generosa y lúdica simiente*. Estos primates no supeditan el sexo únicamente a la reproducción (la *simiente*). Por el contrario, a menudo (de manera *generosa*) lo ejercitan como mecanismo con que aliviar tensiones, reforzar vínculos afectivos, o como simples juegos eróticos (*lúdica*), y es practicado entre individuos de distintas edades y diferente o igual sexo. En palabras del primatólogo Frans de Waal: «Los chimpancés recurren al poder para resolver problemas sexuales; los bonobos recurren al sexo para solucionar problemas de poder».

Pan paniscus

Toda la noche oyeron pasar pájaros

Toda la noche
oyeron pasar pájaros[1].
La tierra pronto[2].

Yo, entre árboles[3],
vi volar arcoíris[4].
Había luz[5].

[1] *Toda la noche oyeron pasar pájaros.* Premio Ateneo de Sevilla en 1981, la obra del narrador y poeta gaditano José Manuel Caballero Bonald toma el título de una anotación del diario de a bordo del primer viaje de Cristóbal Colón a las «Indias», documento fechado el 9 de octubre de 1492 del entonces vigente calendario juliano: «Navegó al sudeste. Anduvo [la nao] cinco leguas; mudóse el viento y corrió al güeste quarta al norueste y anduvo cuatro leguas; después con todas, once leguas de día y a la noche veinte leguas y media. Contó a la gente diecisiete leguas. Toda la noche oyeron passar páxaros». Hoy perdido, el fragmento del citado diario pertenece a una copia abreviada del original, fuente a la que tuvo acceso el dominico fray Bartolomé de las Casas para escribir la versión que ha llegado a nosotros.

[2] *La tierra pronto.* La presencia de aves indicaba a los miembros de aquella expedición que la costa no se hallaba lejos. Estaban en lo cierto. Solo tres días después, en la madrugada del 12 octubre (21 de mes del actual calendario gregoriano), el marino Rodrigo de Triana avistaba *tierra*, aunque fue Colón, sin embargo, quien reclamó y cobró la estimable cantidad de 10 000 maravedís prometida por la corona a aquel miembro de la tripulación que diese noticia del avistamiento, argumentando que él había sido el primero en divisar tierra unas horas antes. Con las primeras luces de la mañana un grupo encabezado por el almirante desembarcaba en Guanahani (hoy Watling, Bahamas), isla caribeña habitada por «indios» taínos. Habían pasado treinta y siete días desde que dos carabelas y una nao comenzaron la travesía atlántica desde la isla canaria de la Gomera.

[3] *Yo, entre árboles.* El sujeto poético es un yo imaginario retratado como uno de los miles de viajeros que embarcaron rumbo hacia aquellas tierras de ultramar recién descubiertas, un continente nuevo que pronto será conocido en Europa con el nombre de América.

Toda la noche
oyeron pasar pájaros[1].
La tierra pronto[2].

Yo, entre árboles[3],
vi volar arcoíris[4].
Había luz[5].

⁴ *vi volar arcoíris.* Desde la Antigüedad clásica (Herodoto, Plinio...) al medievo (san Agustín, san Isidoro...) y hasta bien avanzada la Edad Moderna la creencia en seres teratológicos en áreas remotas de África o Asia fue considerada como cierta. América no fue una excepción, y la metáfora empleada en el poema se encuadra dentro de la abundante serie de crónicas que recogían testimonios de la existencia de todo tipo de criaturas sorprendentes y monstruosas en las tierras del Nuevo Mundo. En ellas, junto a «hombres con hocicos de perro que comían los hombres y que en tomando uno lo degollavan y le bevían la sangre y le cortavan su natura»; a bizarras amazonas y monstruosos Ewaipanoma (humanos acéfalos), o serpientes «tan gruesa[s] cuanto un hombre puede abrazar»... aparecen otros que «alegran con su variedad y viveza de colores», nómina donde se incluye el animal del que trata el poema: el guacamayo escarlata o loro bandera, nombre con el que también es conocido por la llamativa mezcla de colores tornasolados de su plumaje. Por otra parte, la naturaleza invariable del sustantivo *arcoíris* hace que su forma plural case con el hecho de que estas aves divinizadas por mayas y aztecas vivan y vuelen en grupos compuestos por decenas de individuos.

⁵ *Había luz.* El guacamayo escarlata, ave de vistosa plumación, que puede verse desde la costa caribeña hasta la selva amazónica, tiene hábitos diurnos. Una *luz* del día que contrasta con la *noche* del verso inicial. En conjunto, el poema está concebido como una secuencia de versos de cinco y siete sílabas, agrupados de tres en tres. Una métrica y esquema compositivo característicos del *haiku*, breve poema japonés de cinco, siete y cinco *moras* (unidad fonética similar a la sílaba). Aparte de la estructura, la semejanza con esta poesía japonesa se advierte también en la inclusión de elementos de la naturaleza (*pájaros, tierra, árboles*) y la sencillez estilística. A través de estas referencias a la cultura nipona Hochandí nos traslada nuevamente al texto de donde parten los versos, el diario de navegación colombino: «...Y también aquí nace el oro que traen colgado a la nariz; más, por no perder tiempo quiero ir a ver si puedo topar a la isla de Cipango [Japón]». (14 de octubre del calendario juliano de 1492).

Ara macao

Los colores del incendio

22

Los colores del incendio[1]
pintan de ceniza y sombra
el verde de una patria
con hechuras de continente[2]
pero solo isla ensanchada[3],
como son, a fin de cuentas,
todas las tierras de la Tierra.
Ágiles profesionales,
saben bien las llamas el oficio[4],
llevan practicándolo
desde la primera vez
que un viento enfebrecido
secó la pintura al fresco de las hojas[5],
y de eso hace mucho[6].
Acabada la faena,
toca esperar a que el aire pierda
el acre olor a tizne
y no nuble la vista.
Solo entonces
volverá a pasear la extrañeza[7].

[1] *Los colores del incendio.* El escritor y guionista francés Pierre Lemaitre escribe en 2018 *Los colores del incendio*, la segunda parte de la trilogía *Los hijos del desastre* (2013-2020). Su compatriota, el director Clovis Cornillac filmó la película con el mismo título del poema en 2022.

[2] *hechuras de continente.* Más de siete millones y medio de kilómetros cuadrados hacen de Australia el mayor país de Oceanía y el sexto más extenso del planeta por detrás de Rusia, Canadá, China, Estados Unidos y Brasil. De su apariencia continental dan idea los aproximadamente tres mil setecientos kilómetros que hay de norte a sur, o los casi cuatro mil que separan la costa oeste de la oriental, una distancia en línea recta superior a la existente entre Lisboa y Moscú, y suficiente para que el territorio se divida en tres husos horarios. Estas gigantescas dimensiones confieren a Australia la condición de ser también la *isla* más grande del mundo.

[3] *isla.* Ateniéndose a la descripción que el diccionario de la RAE da del sustantivo isla: «Porción de tierra rodeada de agua por todas partes», el poeta concluye, con discutible rigor geográfico, que el conjunto de *tierras* emergidas (los continentes) formaría parte de esa misma definición.

[4] *saben bien las llamas el oficio.* En otra muestra palmaria de antropomorfización los incendios son imaginados como profesionales de la pintura afanados en cumplir diligentemente su trabajo.

[5] *pintura al fresco.* La técnica pictórica como metáfora de la sombra que proyectan en el suelo las *hojas* de los árboles antes de ser secadas por efecto del fuego y la elevada temperatura del *viento.*

Los colores del incendio[1]
pintan de ceniza y sombra
el verde de una patria
con hechuras de continente[2]
pero solo isla ensanchada[3],
como son, a fin de cuentas,
todas las tierras de la Tierra.
Ágiles profesionales,
saben bien las llamas el oficio[4],
llevan practicándolo
desde la primera vez
que un viento enfebrecido
secó la pintura al fresco de las hojas[5],
y de eso hace mucho[6].
Acabada la faena,
toca esperar a que el aire pierda
el acre olor a tizne
y no nuble la vista.
Solo entonces
volverá a pasear la extrañeza[7].

[6] *y de eso hace mucho.* Una gran parte de Australia tiene un clima extremadamente árido. La falta de precipitaciones y las elevadas temperaturas provocaban la aparición estacional de incendios forestales millones de años antes de la presencia allí de los primeros humanos (los asentamientos más antiguos de aborígenes australianos se datan en unos sesenta mil años). Aquellos fuegos actuaban como elementos regeneradores del ecosistema y garantizaban la continuidad de una fauna y una vegetación adaptada plenamente a situaciones atmosféricas extremas. Pero en los últimos tiempos, a consecuencia de los cambios producidos en el clima, se ha producido un aumento en su frecuencia y magnitud debido a sequías y olas de calor mucho más prolongadas e intensas, principales causas de la quema de millones de hectáreas de masa forestal y la consiguiente pérdida de biodiversidad.

[7] *la extrañeza.* La insularidad de Australia, como sucede con otras islas, crea seres que evolucionan al margen de territorios continentales próximos, dando origen a plantas y animales endémicos inhallables en otros lugares. Es el caso de algunos marsupiales (koalas, ualabíes, canguros, bombats...), o de los monotremas, los únicos mamíferos ovíparos que existen en el mundo. A ellos pertenece el ornitorrinco (criatura de anatomía inclasificable) y las cuatro especies de equidnas, de apariencia similar a la de un erizo y animal al que está dedicado el poema. Identificada la *extrañeza* en un mamífero cuya reproducción se asemeja a la de las aves y la mayoría de los reptiles, ¿cuál es la relación que los equidnas, más concretamente los llamados de «hocico corto», guardan con el fuego, el auténtico objeto poético hasta el verso final? La respuesta la hallamos en un reciente descubrimiento que revela la estrategia seguida por estos animales frente a un bosque en llamas. Provistos de afiladas garras, cuando sienten la amenaza de un incendio cercano cavan con ellas un refugio en el suelo o se internan en sus madrigueras, lugares donde se cobijan y reducen sus funciones metabólicas hasta que el fuego, el aire abrasador y el humo desaparecen. Su insólita morfología, unida al hecho de sobrevivir bajo tierra, relaciona a estos animales con Equidna, criatura mitológica de apariencia monstruosa.

Tachyglossus aculeatus

La escala de los mapas

La escala de los mapas[1]
explica la proeza
en toda su azul
e inmensa dimensión[2]:
surcar medio Pacífico[3]
sin amarres ni escalas[4].
Lejano mar en que navega,
blanca y gris,
la forma que damos al espanto[5].
Un triángulo asoma:
hendidura en el agua,
abrelatas del aire,
geometría del miedo[6].

[1]*La escala de los mapas*. Con esta novela, inicio de una extensa trayectoria literaria, la madrileña Belén Gopegui obtuvo el Premio Tigre Juan de Oviedo en 1993. En cuanto a la palabra escala (aquí como medida de magnitudes), hay dos maneras de representarla sobre un plano: la gráfica, formada por una serie alternante de segmentos bicolores horizontales, y la numérica, que indica mediante cifras el número de veces que aparece reflejada la realidad, bien aumentándola (escala de ampliación), representándola a tamaño real (escala natural) o disminuyéndola (escala de reducción).

[2] *inmensa dimensión*. Dentro de estas últimas, usadas en cartografía para elaborar mapas y planos, existen distintos tipos en función del tamaño de la superficie descrita. En una relación que puede considerarse contraintuitiva, el mapa de un continente o un planisferio estará plasmado a pequeña escala; mientras que, por ejemplo, el plano de una ciudad estará realizado a gran escala.

[3] *surcar medio Pacífico*. Más de 155 millones de kilómetros cuadrados, una superficie superior a la de todas las tierras emergidas juntas, hacen del Pacífico la masa de agua más extensa del planeta. Con una media de cuatro mil metros de profundidad es también el océano más hondo de la Tierra (en él se encuentra el lecho marino de las Marianas, un abismo situado a once kilómetros por debajo del nivel del mar). Descubierto en 1513 por Andrés Contero, uno de los expedicionarios que acompañaban a Vasco Núñez de Balboa en la ruta por el istmo de Panamá, fue el explorador y gobernante extremeño quien bautizó sus aguas con el nombre de mar del Sur. Años después, el navegante portugués Fernando de Magallanes daría al lugar el topónimo definitivo durante la travesía, culminada por Juan Sebastián Elcano y diecisiete miembros de la tripulación, que entre 1519 y 1522 consiguió la *proeza* de circunnavegar el globo por primera vez.

[4]*escalas*. La doble etimología griega y latina del término hace de escala una palabra polisémica. (el diccionario de la RAE recoge 10 acepciones). En este caso, por segunda vez en el poema, aparece con el significado de alto o parada en el viaje.

23

La escala de los mapas[1]
explica la proeza
en toda su azul
e inmensa dimensión[2]:
surcar medio Pacífico[3]
sin amarres ni escalas[4].
Lejano mar en que navega,
blanca y gris,
la forma que damos al espanto[5].
Un triángulo asoma:
hendidura en el agua,
abrelatas del aire,
geometría del miedo[6].

⁵ *espanto.* Si hay un animal que concite un terror cerval probablemente este sea el tiburón, palabra de origen incierto (DLE). Pobladores de todos los mares y algunos ríos, los primitivos tiburones aparecieron hace unos cuatrocientos millones de años. En la actualidad, de las más de cuatrocientas especies catalogadas hasta la fecha solo una docena son potencialmente peligrosas para el ser humano, siendo pocas las víctimas mortales que se contabilizan cada año por ataques de escualos. Sin embargo, películas como *Tiburón* (1975) de Steven Spielberg, basada en la novela homónima (1973) de Peter Benchley, contribuyeron a crear la idea de que estos peces cartilaginosos eran monstruos insaciables que tenían a nuestra especie como parte primordial de su dieta, cuando, en realidad, sucede lo contrario: millones de ejemplares mueren anualmente por sobrepesca o por quedar atrapados en las redes de embarcaciones pesqueras, hasta el extremo de constituir hoy, según la lista roja de la Unión Internacional para la Conservación de la Naturaleza, el conjunto más amenazado de todas las especies marinas.

⁶ *geometría del miedo.* Además del tiburón tigre y el tiburón toro, el tiburón blanco es el principal causante de ataques a humanos. Especie migratoria, de coloración ventral *blanca* y dorsal *gris*, se encuentra en casi todos los mares templados del planeta (incluido el Mediterráneo), y llega a recorrer miles de kilómetros para alimentarse o reproducirse; por ejemplo los que separan las islas Hawái de las costas del sur de Méjico (*medio Pacífico*). Solo superado en tamaño por el inofensivo tiburón ballena, su imponente tamaño lo convierte en el pez carnívoro más grande del planeta. Descrita metafóricamente en el poema (*abrelatas*), la forma triangular de su aleta dorsal emergiendo del agua resulta ciertamente aterradora; visión que contrasta con las imágenes de unos buceadores nadando y filmando sin ninguna protección al lado de *Deep Blue*, el mayor ejemplar de *Carcharodon carcharias* conocido, una hembra de más de cincuenta años, seis metros de longitud y un peso estimado de dos toneladas y media.

Carcharodon carcharias

El libro de la selva

El libro de la selva[1],
como en el viejo Liceo de Atenas[2],
se memoriza[3]
andando de un lado para otro,
sin tizas, pupitres, encerados,
ni modernas pizarras digitales,
pues no hay aulas donde colgarlas.
Reconocer el olor del refugio[4]
y a qué suena una amenaza,
elegir el sustento más nutricio,
o dónde pasar las noches,
emprender el camino
que lleva al agua[5],
hacerla brotar si no se encuentra…
es parte del temario
copiado a cielo abierto
en páginas no escritas.
Conocimiento del medio
asimilado al pie de la letra.
Siglo tras siglo,
la misma pedagogía,
igual manera de enseñar[6]
las cuatro reglas
que dan empuje a la vida.
Clase el entorno y libro el paisaje,
útiles con que educar a la intemperie [7]
a párvulos con ganas de aprender
lecciones que conviene no olvidar.

[1] *El libro de la selva.* El británico Rudyard Kipling, Premio Nobel de Literatura en 1907, escribe este libro de cuentos ambientado en la India, país donde nació en 1894. Obra de gran éxito, ha sido en varias ocasiones adaptada al cine tanto en imagen real como animada.

[2] *Liceo de Atenas.* Escuela filosófica fundada en el 335 a.C. por Aristóteles, en los jardines atenienses próximos al templo de Apolo Licio, deidad de donde tomó el nombre. Fue también conocida como escuela peripatética o de los paseantes, por la costumbre del discípulo de Platón y preceptor de Alejandro Magno de impartir sus enseñanzas mientras caminaba.

[3] *se memoriza.* La capacidad memorística atribuida popularmente a los elefantes tiene base científica. Varios estudios de campo realizados en 2014 en el Parque Nacional de Amboseli, Kenia, demostraron que estos paquidermos reconocían a través de sonidos de baja frecuencia quién era el individuo de la manada que los emitía y si precisaba respuesta por parte del receptor o no. También se observó que podían distinguir la edad, el sexo y la etnia de la voz humana, mostrándose alerta si esta procedía de hombres masáis (uno de los sonidos de la *amenaza*) y no de mujeres o niños de la misma tribu, y manifestando una actitud menos vigilante si las voces masculinas pertenecían a adultos de la etnia kamba, nativos con quienes, a diferencia de los anteriores, no rivalizan por el acceso al agua o al pasto para el ganado.

[4] *el olor.* Netamente superior al de los perros, el elefante africano posee el órgano olfativo más desarrollado de todos los mamíferos terrestres, gracias a la compleja estructura de su trompa y al gran número de genes relacionados con este sentido. De él se sirven principalmente para *elegir el sustento más nutricio*, para detectar a grandes distancias algún peligro, aparearse, reconocer a miembros de una familia, o para buscar el mejor refugio cuando llega la noche.

24

El libro de la selva[1],
como en el viejo Liceo de Atenas[2],
se memoriza[3]
andando de un lado para otro,
sin tizas, pupitres, encerados,
ni modernas pizarras digitales,
pues no hay aulas donde colgarlas.
Reconocer el olor del refugio[4]
y a qué suena una amenaza,
elegir el sustento más nutricio,
o dónde pasar las noches,
emprender el camino
que lleva al agua[5],
y hacerla brotar si no se encuentra…
es parte del temario
copiado a cielo abierto
en páginas no escritas.
Conocimiento del medio
asimilado al pie de la letra.
Siglo tras siglo,
la misma pedagogía,
igual manera de enseñar[6]
las cuatro reglas
que dan empuje a la vida.
Clase el entorno y libro el paisaje,
útiles con que educar a la intemperie[7]
a párvulos con ganas de aprender
lecciones que conviene no olvidar.

⁵ *agua*. A semejanza de los zahoríes, cuando este recurso escasea debido a prolongados periodos de sequía, el elefante africano de sabana (*Loxodonta africana*) es capaz, merced a su portentoso olfato, de detectar su presencia a gran profundidad. Con sus colmillos, en realidad unos dientes incisivos extraordinariamente desarrollados y curvados (etimología de *loxodonta*), el mayor mamífero terrestre excavará el suelo hasta que aflore. Una vez obtenida la usará para beber (llegan a consumir más de ciento cincuenta litros al día), refrescarse y, mezclada con tierra, formar una película de barro que protegerá su piel rugosa y gruesa (paquidérmica) frente al sol y los parásitos. De menor tamaño, en África vive también el elefante de bosque (*Loxodonta cyclotis*). Y hubo un tercer tipo aún más pequeño: el elefante norteafricano o del Atlas. Extinguido en la Antigüedad, probablemente fue este el animal que Aníbal llevó a la península Itálica en su lucha contra Roma. A este episodio de la segunda guerra púnica (218-201 a.C.) parece referirse el poeta con *hacerla brotar si no se encuentra*, verso que apunta a la frase atribuida al militar cartaginés cuando ante el obstáculo que suponía para sus tropas y elefantes atravesar la cordillera alpina afirmó ante sus generales: «si hay un camino lo encontraremos, si no, lo haremos». Domesticados y venerados en Oriente, los ejemplares de las cuatro subespecies que habitan en Asia son más pequeños que sus parientes africanos. A uno de ellos, Hathi, nombre en hindi de elefante, da voz Kipling en su *libro de la selva*.

⁶ *enseñar*. Los elefantes africanos se agrupan en manadas de unos quince a veinte individuos encabezados por una hembra adulta, la matriarca. Son ellas, en compañía de otras con las que guardan algún parentesco, las "docentes" que protegen, alimentan y enseñan a las crías, a los párvulos con ganas de aprender. Los machos, por su parte, abandonarán el grupo cuando en torno a los doce años de vida alcancen la madurez sexual. Entonces, y hasta que llegue el momento de aparearse, formarán una comunidad nueva, unidos a otros ejemplares del mismo sexo.

[7] *educar a la intemperie*. Aplicado a un contexto humano, el verso coindice con el título que el escritor extremeño Benito Estrella da a uno de sus brillantes ensayos sobre educación.

Loxodonta africana

El lugar de la cita

25

El lugar de la cita[1]
espera la llegada
húmeda y salobre
que las olas entregan.
Cielo en silencio
y playa en pleamar
acogen entusiastas[2]
la terca voluntad de prolongarse[3].
Aguarda la arena y observa la noche
el ansiado llegar desde la espuma,
que del mar viene y vive[4]
quien arriba al sitio del encuentro.
No demora su estancia el visitante,
unas horas alegran.
Antes del adiós[5]
recibirá la tierra
un presente de esferas concebidas,
regalo de lunas llenas y nuevas[6]
que sugiere regresos[7]
al lugar de la cita:
cielo en silencio,
playa en pleamar.

¹ *El lugar de la cita.* El debut en el género narrativo del poeta za-
frense Luciano Feria fue premiado con el decimoquinto Premio
de Narrativa Española Dulce Chacón, nombre de su paisana y,
entre otras novelas, autora de *La voz dormida*, obra que da título
al poema siguiente.

² *acozen entusiastas.* El entusiasmo, cualidad eminentemente hu-
mana, se atribuye a una playa y al cielo, dos entes inanimados.

³ *terca voluntad de prolongarse.* El adjetivo relaciona el verso con
otra obra de Feria: *La fábula del terco* (1996), segundo poemario
del escritor extremeño (*víd.* página 21) y obra galardonada ese
año con el Premio de Poesía en castellano Ciudad de Valencia.

⁴ *del mar viene y vive.* Pobladora de todos los océanos, las hem-
bras de tortuga laúd se adentran en el litoral de los mares tro-
picales y templados para desovar. Cada nido, practicado en la
playa y cubierto de arena con sincronizados movimientos de sus
aletas, contiene entre ochenta y noventa huevos, una parte de
ellos infértiles. Más pequeños que los fecundados, representan
alrededor de un diez por ciento del total y son depositados en
último lugar con el fin de crear una superficie protectora para
el resto de la nidada. Dos meses de incubación después, en los
que la *tierra* habrá sido una segunda «matriz», toda la puesta
eclosionará a la vez. Tanto los desoves, como la posterior salida
de las crías rumbo al mar se producen generalmente por *la no-
che.* De este modo, la tortuga laúd, el mayor quelonio marino (su
media alcanza los dos metros de longitud y más de quinientos
kilos de peso) evita las elevadas temperaturas diurnas propias
de las áreas donde nidifica.

25

El lugar de la cita[1]
espera la llegada
húmeda y salobre
que las olas entregan.
Cielo en silencio,
y playa en pleamar
acogen entusiastas[2]
la terca voluntad de prolongarse[3].
Aguarda la arena y observa la noche
el ansiado llegar desde la espuma,
que del mar viene y vive[4]
quien arriba al sitio del encuentro.
No demora su estancia el visitante,
unas horas alegran.
Antes del adiós[5]
recibirá la tierra
un presente de esferas concebidas,
regalo de lunas llenas y nuevas[6]
que sugiere regresos[7]
al lugar de la cita:
cielo en silencio,
playa en pleamar.

[5] *adiós.* Depositada la nidada en el subsuelo arenoso de la costa, la hembra de baula o tora, nombres con los que también se denomina a la *Dermochelys coriacea* ("tortuga con piel de cuero", por carecer de un caparazón duro), regresa al mar hasta la próxima temporada reproductora, la cual tendrá lugar uno o dos años después. Los machos, por su parte, salvo cuando son crías y se dirigen desde la orilla a mar abierto, nunca más regresarán a tierra.

[6] *regalo de lunas llenas y nuevas.* Los huevos fecundados, de unos cinco centímetros de diámetro, blancos (*lunas*), forma esférica (*llenas*), blandos, y de textura ligeramente viscosa, contienen dentro las *nuevas* generaciones de tortugas. Pese a estar ocultos bajo tierra («lunas» también *nuevas* por no ser visibles), y aunque el número depositado en cada desove es elevado, tan solo un cincuenta por ciento de la puesta fértil llega a eclosionar debido, entre otras causas, a la presencia de animales que se alimentan de sus huevos, al furtivismo para consumo humano, a una excesiva deshidratación del nido, o a la posible contaminación del subsuelo. Aún mayor es el porcentaje de neonatos que no consiguen alcanzar el mar tras salir a la superficie. Amenazados por todo tipo de depredadores (crustáceos, reptiles, aves, mamíferos) y desorientados por la cercanía de algunos nidos a infraestructuras humanas que encaminan a las crías hacia focos de luz situados en dirección opuesta al agua, el índice de supervivencia de las crías no supera a veces el diez por ciento. Tampoco los ejemplares adultos están libres de peligros; los principales, la pesca accidental y el consumo de plásticos que las tortugas laúd confunden con su principal fuente de alimento: las medusas. Todo ello explica que la especie esté hoy catalogada como vulnerable.

[7] *regresos.* Entre los seis y diez años de edad las hembras alcanzan su plenitud reproductiva, momento en el que serán fecundadas y regresarán a la costa. La llegada de las baulas desde alta mar al mismo punto que las vio nacer, *al lugar de la cita*, no es, sin embargo, tan preciso como sucede con otras tortugas marinas,

siendo habitual que sus nidos se dispersen por sectores separados entre sí decenas o centenares de kilómetros incluso en la misma estación de puesta.

Dermochelys coriacea

La voz dormida

La voz dormida[1],
silente.
Así la creímos,
eternamente callada,
soñando siempre.
Nos equivocamos.
La voz, supimos luego[2],
está despierta,
y bajo el mar habla
y conversa y canta[3].
Y ríe al oír Pinocho,
o si pronuncian Jonás:
«un par de cuentos»,
nos dice,
«cuentos los dos»[4].
Y se estremece,
no es para menos,
con la historia que recorre
las honduras oceánicas
como un himno,
la de un héroe llamado Moby Dick[5].
Y rabia y gime y maldice la voz
el luto que las obras vivas traen[6]…
Sopla un géiser a lo lejos[7].
Es llanto el horizonte.

[1] *La voz dormida.* Publicada un año antes del fallecimiento de la escritora y poetisa Dulce Chacón, la última novela de la autora zafrense se hizo con el Premio Libro del Año 2002 otorgado por el Gremio de Librerías de la Comunidad de Madrid. En 2011, Benito Zambrano filmó la versión cinematográfica de esta obra que cuenta a través de sus personajes la terrible realidad que sufrieron las mujeres republicanas en las cárceles franquistas de posguerra.

[2] *supimos luego.* Instalados en buques y submarinos, la invención del hidrófono en las primeras décadas del siglo XX fue utilizada con fines militares en la Segunda Guerra Mundial. Dos décadas después, en 1967, el biólogo estadounidense Roger Payne hizo un uso civil de estos micrófonos subacuáticos. Con ellos pudo registrar la *voz* que emitía un grupo de ballenas jorobadas cerca de la costa de las islas Bermudas. Poco después comenzaron a grabarse las huellas sonoras de otras especies de ballenas, de orcas y delfines. Hoy se emplean también cables subacuáticos de fibra óptica para monitorizar los sonidos producidos por estos cetáceos en sus rutas migratorias.

[3] *y conversa y canta.* Protagonistas de los versos, las ballenas jorobadas o yubartas (intencionadamente la letra inicial del nombre común coincide con el abuso de la conjunción «*y*» en el poema) establecen entre ellas un complejo sistema de comunicación, «que no se encuentra en ningún otro animal, excepto los humanos», como afirma Ellen Garland, bióloga marina de la Universidad británica de Saint Andrews. Formados por un amplio espectro de vocalizaciones, y emitidos solo por ejemplares machos, estos «cantos» viajan a centenares de kilómetros de distancia y pueden prolongarse durante más de veinte minutos. Cinco de estas melodías fueron recogidas por el propio Roger Payne en *Los sonidos de la ballena jorobada* (*Songs of the Humpback Whale*), un elepé que, desde su lanzamiento en 1970, se convirtió en el álbum con sonidos procedentes de la naturaleza de mayor éxito hasta la fecha. Una de ellas, junto con música de Bach, Beethoven, Mozart, Chuck Berry o Louis Armstrong, se encuentra a miles de millones de kilómetros de la Tierra viajando dentro de los discos de oro de las sondas Voyager que fueron enviadas al espacio en 1977.

La voz dormida[1],
silente.
Así la creímos,
eternamente callada,
soñando siempre.
Nos equivocamos.
La voz, supimos luego[2],
está despierta,
y bajo el mar habla
y conversa y canta[3].
Y ríe al oír Pinocho,
o si pronuncian Jonás:
«un par de cuentos»,
nos dice,
«cuentos los dos»[4].
Y se estremece,
no es para menos,
con la historia que recorre
las honduras oceánicas
como un himno,
la de un héroe llamado Moby Dick[5].
Y rabia y gime y maldice la voz
el luto que las obras vivas traen[6]…
Sopla un géiser a lo lejos[7].
Es llanto el horizonte.

4 *cuentos los dos.* En uno de los episodios de *Las aventuras de Pinocho*, publicadas por entregas entre 1881 y 1883 en el periódico *Giornale per i bambini*, el escritor italiano Claudio Collodi cuenta que los protagonistas, Gepeto y Pinocho, son tragados por un enorme tiburón, animal que será sustituido en la película animada de Walt Disney (1940) por una «ballena» dentada. A Jonás, profeta del Antiguo Testamento, también lo engulle «un gran pez» (Jn, 1,17), que la tradición identificó con un cetáceo. Ambas historias no pasan de ser un mero *cuento* para los animales que figuran en el poema, conscientes de que la anchura de su garganta hace imposible que pueda tragar nada semejante a un humano, como pudo comprobar en febrero de 2024 Adrián Simancas en aguas de Punta Arenas (sur de Chile) cuando fue arrojado al mar junto con su kayak tras ser momentáneamente engullido por una yubarta.

5 *Moby Dick.* Herman Melville narra en su obra (1851) la obsesión enfermiza del capitán Ahab por dar caza a un enorme cachalote albino. Para escribirla, el autor neoyorquino se inspiró en un hecho real sucedido en 1820, cuando el *Essex*, un ballenero de la isla de Nantucket (Massachusetts, costa noreste de Estados Unidos), fue embestido y hundido por un cachalote en aguas del Pacífico Sur. El relato del naufragio y de la tripulación superviviente fue objeto de estudio por parte del historiador Nathaniel Philbrick en la obra *En el corazón del mar. La tragedia del ballenero Essex.* Texto llevado al cine con ese título en 2015. En el poema, Moby Dick, el ejemplar de cachalote (*Physeter macrocephalus*) de la novela es considerado por las ballenas jorobadas un *héroe.*

6 *el luto que las obras vivas traen.* La caza comercial de yubartas y otros cetáceos fue prohibida por la Comisión Ballenera Internacional en 1986. Desde entonces solo se permite la captura de subsistencia para ciertos pueblos aborígenes de Groenlandia, Rusia, Canadá, Estados Unidos y el país caribeño de San Vicente y las Granadinas, aunque tres países, Noruega, Islandia y Japón siguen practicándola sin restricciones. Con todo, su mayor

amenaza se halla hoy en el aumento del tráfico marítimo y los choques accidentales que se producen contra los cascos y hélices situados en la parte sumergida (la *obra viva*) de grandes buques.

[7] géiser. La imagen de un chorro de aire y agua lanzado a gran altura por el espiráculo de las ballenas como si de un géiser se tratase la encontramos, por ejemplo, en *Poesía elemental*, de Meléndez Díez.

Megaptera novaeangliae

El ruido del tiempo

El ruido del tiempo[1],
con sus achaques propios,
se deja sentir menos
donde la luz
da por terminado su camino.
A resguardo de un mar dócil
empujado a cometer locuras[2],
el paso de las horas
y sus estorbos
tardará en llegar
al paraíso de lo inhóspito[3],
pero acabará irrumpiendo
como un fragor creciente
que suena a despedida[4],
a fin de viaje[5]
que va a ninguna parte.

[1] *El ruido del tiempo.* Decimosegunda novela (2016) del escritor británico Julian Barnes.

[2] *un mar dócil empujado a cometer locuras.* El objeto poético, la *Escarpia laminata,* es un anélido tubular que vive formando colonias en las aguas profundas del Caribe. Mar cálido, la elevada temperatura del agua superficial, unida a la intensa humedad por evaporación y a la presencia de bajas presiones atmosféricas crean en el entorno del golfo de México (de México, sí) las condiciones propicias para que se desarrolle uno de los fenómenos de la naturaleza más devastadores: el ciclón tropical, formidable tormenta de lluvias torrenciales y vientos desenfrenados conocida en América como huracán, palabra de origen taíno.

[3] *paraíso de lo inhóspito.* Descubiertas en 1985, las comunidades de estos invertebrados habitan entre los mil y los tres mil metros de profundidad sobre emanaciones de sulfuro de hidrógeno procedentes de las dorsales oceánicas. Ejemplo de criaturas extremófilas, estos gusanos marinos pueden habitar en lugares imposibles para la mayoría de especies. Carentes de sistema digestivo, las escarpias se alimentan gracias a la relación simbiótica que mantienen con bacterias capaces de transformar los elementos químicos del entorno en nutrientes para el hospedador.

[4] *despedida.* Es decir, el término de la vida.

[5] *fin de viaje.* El poema termina con un verso de visible influencia fílmica: *El viaje a ninguna parte,* película dirigida y protagonizada en 1986 por Fernando Fernán Gómez y basada en la novela de igual título escrita por él mismo un año antes. Por otro lado, la idea de inmovilidad (*ninguna parte*) habla del estatismo de estas comunidades vermiculares, fijadas desde el nacimiento al fondo marino, lecho donde pasarán el resto de toda su larga existencia.

Escarpia laminata

Cien años de soledad

28

Cien años de soledad[1],
primeros pasos, niñez,
acaso embrionaria adolescencia[2].
Es poco un siglo
para reinar junto al tiempo[3],
solo epidermis de lo vivido[4].
Amplia la vida como un linaje,
¿cuánta dinastía aún?[5]
No lo sabemos.
El diario se detuvo
cuando asaltaron
su palacio de invierno[6].

[1] *Cien años de soledad.* La novela del periodista y narrador Gabriel García Márquez obtuvo un éxito inmediato de público y crítica desde su aparición en 1967. Considerada una obra maestra de alcance universal, el también extremeño Emilio Iruz cataloga la historia de los Buendía como una "nobela"; o sea, narración merecedora por sí sola de un Premio Nobel, galardón que el autor colombiano recibiría en 1982.

[2] *acaso embrionaria adolescencia.* Etapa entre la niñez y la juventud de un individuo; en este caso, la de un habitante de las frías aguas superficiales del Atlántico norte: la almeja de Islandia.

[3] *reinar junto al tiempo.* A día de hoy, este molusco bivalvo es uno de los animales más longevos catalogados por la ciencia. Hallado en 2006 por biólogos de la universidad galesa de Bangor, a unos noventa metros de profundidad de la costa norte islandesa, un primer examen basado en el número de anillos agrupados concéntricamente en su concha (una datación similar a la empleada para determinar la edad de los árboles) concluyó que su edad debía oscilar entre los 405 y 410 años. En 2013, sin embargo, investigadores de la misma universidad realizaron un nuevo análisis de esclerocronología (la disciplina que estudia la edad de animales con exoesqueleto de carbonato cálcico, como los corales o los moluscos de doble valva) y aumentaron su edad real a 507 años. Con más de medio milenio de vida, este ejemplar de *Arctica islándica* superaba ligeramente la longevidad del tiburón de Groenlandia (*Somniosus microcephalus*), al que se le calcula una esperanza de vida de unos 500 años; sobrepasaba ampliamente el doble del par de siglos que puede llegar a vivir el mamífero más longevo, la ballena boreal (*Balaena mysticetus*); y cuadriplicaba con creces la edad del ser humano más anciano de quien se tiene noticia hasta el momento, los 122 años, entre 1875 y 1997, que vivió la francesa Jeanne Calment.

28

Cien años de soledad[1],
primeros pasos, niñez,
acaso embrionaria adolescencia[2],
Es poco un siglo
para reinar junto al tiempo[3],
solo epidermis de lo vivido[4].
Amplia la vida como un linaje,
¿cuánta dinastía aún?[5]
No lo sabemos.
El diario se detuvo
cuando asaltaron
su palacio de invierno[6].

⁴ *epidermis de lo vivido.* No se atisban, con cien años cumplidos, señales de vejez en estos moluscos; por el contrario, hay toda una vida por delante. Más teniendo en cuenta que algunos zoólogos marinos defienden como muy probable la idea de que estos bivalvos pueden llegar a edades más avanzadas (nota anterior).

⁵ *¿cuánta dinastía aún?* El ejemplar capturado en 2006 fue bautizado con el nombre de «Ming» en honor a la dinastía (1368-1644) que reinaba en China cuando este lamelibranquio vino al mundo en 1499. Un tiempo en el que en Islandia, su «patria», gobernaba la Unión de Kalmar (alianza de las coronas de Dinamarca, Suecia y Noruega creada en 1397 y vigente hasta su disolución en 1523). Por establecer una cronología más precisa, ese mismo año Francisco Giménez de Cisneros, el cardenal Cisneros, fundaba la Universidad de Alcalá de Henares, Miguel Ángel terminaba su *Piedad Vaticana,* y en Burgos aparecía o estaba próxima la publicación de *La Celestina* (hay estudios que retrasan su impresión a 1500 o 1502).

⁶ *palacio de invierno.* El actual museo del Hermitage en San Petersburgo fue una de las residencias reales del último emperador ruso, el zar Nicolás II. Miembro de la *dinastía* Románov, fue depuesto y arrestado junto con su familia en febrero de 1917, en el marco de los acontecimientos revolucionarios que tuvieron lugar ese año. Sede del Gobierno Provisional desde julio, el *palacio* fue asaltado por tropas de la Guardia Roja a finales de octubre (comienzos de noviembre de nuestro calendario gregoriano), hecho que dio origen al gobierno del partido bolchevique presidido por Lenin, y bajo cuyo mandato fueron ejecutados el zar y su familia en julio de 1918. Igual suerte corrió «Ming», ya que tras ser extraída de sus frías aguas fue diseccionada para ver las líneas de crecimiento internas, provocando con ello la protesta de algunos ciudadanos que no dudaron en enviar misivas a los responsables del estudio en las que acusaban a los científicos galeses de «asesinos».

Arctica islandica

El señor de los anillos

El señor de los anillos[1]…
Así comenzaría un poema[2]
que hablase de un viejo joyero,
menudo, pelo y barba encanecidos,
lentes redondas y nariz corva (es un ejemplo).
Abuelo a quien el mío
compró la alianza de oro
que nunca se fue de su dedo,
y el reloj que no le pudo arreglar
cuando las agujas dejaron de moverse.
No pudo porque un día su pan amaneció
con una estrella pintada en el escaparate;
otro, con los cristales rotos[3];
y, poco después, cerrado para siempre.
Como un hermoso homenaje,
su nieta contaría en esos versos
cuánto bien hizo él por los demás,
cuál fue su final (nos tememos lo peor)[4],
cómo se libró ella (intuimos de qué),
o con quién (un hermano mayor, un pariente…)
escapó de aquella voraz barbarie
que dejó sin razón al mundo.
En ellos hablaría de un viaje trasatlántico,
y de sus ojos niños
viendo desde cubierta Nueva York.
Un poema íntimo, escrito para sí
en un pueblo costero de Rhode Island o Maine[5],
merecido descanso tras muchos años
desvelando secretos
de la materia y la energía
en Princeton (es otro ejemplo)[6].

[1] *El señor de los anillos*. La literatura fantástica tiene en la novela del escritor y lingüista británico J.R.R. Tolkien una de las obras más celebradas del género. Con los mismos títulos, el director de cine neozelandés Peter Jackson llevó a la pantalla los tres volúmenes en los que se divide el libro: *La Comunidad del Anillo, Las dos torres* y *El regreso del Rey,* trilogía filmada entre 2001 y 2003.

[2] *Así comenzaría un poema*. Por estilo, voz poética y longitud esta composición se distingue claramente del resto. Ser la única dedicada a una especie vegetal parece respaldar el cambio. En *El señor de los anillos* el objeto lírico, el contenido, condiciona la forma.

[3] *cristales rotos*. En la primavera de 1933, apenas dos meses después de que Hitler fuera nombrado canciller, se redactaba en Alemania la primera ley estatal contra la población judía: la que impedía desempeñar cargos como funcionarios públicos ni ejercer la abogacía dentro de la administración nazi. Fue el inicio de una lista de más de cuatrocientas disposiciones dirigidas contra este pueblo y, por extensión, contra todos aquellos colectivos que suponían un obstáculo para preservar la pureza de la raza aria y desarrollar sus fines políticos, económicos o territoriales. Entre los primeros decretos de mayor alcance dirigidos contra tales grupos se encuentran *Las Leyes Raciales de Núremberg* (1935), normas que despojaban a los judíos de la nacionalidad alemana y prohibían el matrimonio entre estos y miembros de sangre germana. Tres años después (9 y 10 de noviembre de 1938), durante la «noche de los *cristales rotos*», paramilitares de las juventudes hitlerianas y de las SA (guardias de asalto cuyos líderes habían sido eliminados en 1934, en la llamada «noche de los cuchillos largos») quemaban sinagogas y asaltaban tiendas regentadas por judíos; establecimientos que venían sufriendo un duro boicot desde abril de 1933. Las acciones contra sus negocios (*su pan*) culminarían con el decreto por el que se les negaba el desempeño de cualquier actividad económica (12 de noviembre de 1938).

El señor de los anillos[1]…
Así comenzaría un poema[2]
que hablase de un viejo joyero,
menudo, pelo y barba encanecidos,
lentes redondas y nariz corva (es un ejemplo).
Abuelo a quien el mío
compró la alianza de oro
que nunca se fue de su dedo,
y el reloj que no le pudo arreglar
cuando las agujas dejaron de moverse.
No pudo porque un día su pan amaneció
con una estrella pintada en el escaparate;
otro, con los cristales rotos[3];
y, poco después, cerrado para siempre.
Como un hermoso homenaje,
su nieta contaría en esos versos
cuánto bien hizo él por los demás,
cuál fue su final (nos tememos lo peor)[4],
cómo se libró ella (intuimos de qué),
o con quién (un hermano mayor, un pariente…)
escapó de aquella voraz barbarie
que dejó sin razón al mundo.
En ellos hablaría de un viaje trasatlántico,
y de sus ojos niños
viendo desde cubierta Nueva York.
Un poema íntimo, escrito para sí
en un pueblo costero de Rhode Island o Maine[5],
merecido descanso tras muchos años
desvelando secretos
de la materia y la energía
en Princeton (es otro ejemplo)[6].

⁴ *cuál fue su final.* El extenso corpus antisemita redactado por el Tercer Reich desde su llegada al poder en 1933 condujo a la aprobación el 20 de enero de 1942 de la «Solución Final», la política que pretendía el exterminio sistemático (ya antes se habían producido masacres indiscriminadas, sobre todo en Polonia y la Unión Soviética) de toda la población judía de Europa. Organizada por las SS (Escuadrones de Protección), aquel genocidio acabó con seis millones de judíos, aproximadamente dos tercios de los que vivían en el continente antes del inicio de la Segunda Guerra Mundial. A estas muertes se sumaron las centenares de miles de otros grupos sociales calificados como infrahumanos («Untermensch») tanto por razones políticas, raciales o eugenésicas como de orientación sexual. Cerca de Berlín, la mansión de Wanesse, lugar donde se celebró la conferencia que decidió el fatal destino de tantas vidas, es hoy uno de los espacios conmemorativos de la *Sohá* (catástrofe), la palabra hebrea usada para referirse al Holocausto.

⁵ *Rhode Island o Maine.* Situado en la costa Este, *Rhode Island* es el estado más pequeño del país norteamericano (con cuatro mil kilómetros, su extensión es solo algo mayor que la isla de Mallorca). Maine es el más oriental de los Estados Unidos, el más «próximo» a la Europa arrasada entonces por la *barbarie.*

⁶ *Princeton.* Fundada en 1746, fue en el Instituto de Estudios Avanzados de esta universidad estadounidense de New Jersey donde Albert Einstein, un judío de origen alemán huido de la Alemania nazi, dio clases de Ciencias Físicas (*los secretos de la materia y la energía*) desde su llegada en 1933 hasta su fallecimiento veintidós años después.

29

Sí, sería una buena manera
de comenzar un poema
que tuviese muy presente
aquel pasado que ningún futuro
debería ignorar...
Pero solo sería,
porque estos versos nada dicen
del recuerdo que de un buen hombre se tiene
ni de las vidas
que su memoria guardan.
Ellos cantan a un árbol viejo,
mucho más viejo, decenas de veces más viejo
que el viejo joyero de Leipzig o berlinés.
De él, honda raíz,
mástil «que se aviene a las alturas» [7],
habla el poeta.
De él, alma sabia [8]
que dentro guarda,
como órbitas sin tránsito,
un estanque de ondas detenidas.
De él, silencio erguido
donde calla la vida
y el tiempo se derrama [9].
De él, árbol tan viejo,
señor de los anillos [10].

⁷ «*mástil que se aviene a las alturas*» El entrecomillado pertenece a un texto (ver bibliografía) que Gabriela Mistral dedica al alerce chileno, planta compatriota de la poetisa y protagonista del poema. «El árbol campeón (...), un tragón que mastica siglos con calma búdica» es una conífera oriunda de las montañas andinas de la Patagonia. De dimensiones colosales, algunos de los ejemplares rebasan los cincuenta metros de altura, y un grosor troncal superior a los cinco metros de diámetro, medidas que lo sitúan como la especie de árbol más grande de Sudamérica.

⁸ *alma sabia*. Partiendo de la expresión popular «más se sabe por viejo que por sabio», el poeta alude a la antigüedad legendaria de estos alerces. Y también a su robustez: *alma* o madera que se introduce en el interior de algunos objetos para darles consistencia («un varal de plata con alma de madera», *v. gr.*).Por otra parte, la homofonía sabia/savia nos traslada a la condición arbórea del objeto poético.

⁹ *y el tiempo se derrama*. El enorme tamaño de estos alerces se corresponde con una extraordinaria longevidad. Al «Gran abuelo», sobrenombre con el que es conocido en el bosque donde se encuentra (Parque Nacional Alerce Costero, Chile) se le considera el árbol más antiguo del mundo, con una edad, aún por confirmar, cercana a los 5 500 años.

¹⁰ *señor de los anillos*. Compuesta por tres vocablos de origen griego («déndron», árbol; «cronos», tiempo; «-logía», tratado), la dendrocronología es la ciencia que estudia los anillos de crecimiento de los árboles y arbustos leñosos. Como método de datación, el conjunto de líneas concéntricas que contiene un árbol permiten saber su edad, dada la equivalencia existente entre anillo de crecimiento (las órbitas sin tránsito, las *ondas detenidas*) y año de vida. Para determinar su número se extrae un testigo del tronco a una determinada altura mediante un taladro de escaso grosor (barrena Pressler). Si el diámetro del árbol es demasiado grande, y el de estos alerces lo es, se hace una extrapolación matemática a partir de los valores que arroja

una muestra. La dendrocronología es, además, un valioso medio para conocer a través de los árboles cuáles fueron las condiciones climáticas (sequías, inundaciones…), medioambientales (incendios, plagas…) o geológicas (seísmos, erupciones volcánicas…) del pasado.

Fitzroya cupressoides

No te veré morir

No te veré morir[1].
Atrasas el reloj,
y a las tres son las dos[2],
tus dos, o tus doce de ayer,
o las de un día cualquiera
de un año ya anciano,
de una era anterior[3].
Desoyes la voluntad del tiempo,
su sentido[4],
con ese ínfimo milagro[5]
que no cabe
en las vastas regiones
de lo cierto.
Y te olvida la muerte[6],
por algún motivo
no se acuerda de ti.
Acaso ser lágrima,
mínima fracción de nitidez[7],
explique el descuido.
Quién sabe, quizá, tal vez.
Ausente la razón,
semillas interrogantes[8]
pero solo una respuesta abre:
saber que si hay suerte[9],
si la tienes,
no habrá partida;
nadie te verá morir[10].

[1] *No te veré morir.* Es en el último verso del poema «Ya no», de la poetisa y ensayista uruguaya Idea Vilariño (*Poemas de amor*, 1957), en el que Antonio Muñoz Molina se basa para dar título a su novela escrita en 2023.

[2] *a las tres son las dos.* Otra referencia literaria, en este caso a la del escritor y cineasta Rodrigo Cortés, quien así titula el primer volumen de su colección *Tragos*, serie de aforismos publicados en 2013. En cuanto al cambio horario, la decisión de atrasar el reloj en otoño (en España, la madrugada del último domingo de octubre) y la de adelantarlo en primavera (en las primeras horas del último de marzo) fue tomada a partir de la crisis del petróleo de 1973 como medida de ahorro energético. Medio siglo después estos ajustes se siguen realizando en la mayor parte de Europa, en cinco países de América (Canadá, Estados Unidos, Cuba, Haití y Chile), en dos asiáticos (Israel y Líbano), dos africanos (Egipto y Marruecos) y uno de Oceanía (Nueva Zelanda). Actualmente, debido a las transformaciones que desde entonces se han producido en la generación de energía, la conveniencia de mantenerlos está cada vez más cuestionada.

[3] *una era anterior.* Existen registros fósiles de medusas que datan del Paleozoico, hace más de 500 millones de años. Una de sus cientos de especies, la que protagoniza el poema, fue descubierta en 1883, si bien hubo que esperar más de un siglo (1991) para que la ciencia (*las vastas regiones de lo cierto*) quedara perpleja ante el hecho de que un minúsculo hidrozoo, con el nombre científico de *Turritopsis dohrnii*, llegada la fase de madurez pudiese revertir su desarrollo vital y volver a un estado larvario.

[4] *sentido.* La capacidad del animal para invertir su estadio vital da a la palabra un doble significado: carece de lógica y avanza en dirección opuesta (levógira) a las agujas del reloj.

[5] *ínfimo milagro.* Cuando la fase de reversión finaliza, las larvas se adhieren al fondo marino para formar en él una colonia de pólipos de la que surgirán nuevamente centenares de medusas. El proceso de retorno a un estadio anterior, el *milagro*, es posible gracias a que este diminuto organismo tiene la capacidad de transformar todas sus células especializadas en células madres, una propiedad única que le permite dar marcha atrás en el tiempo.

30

No te veré morir[1].
Atrasas el reloj,
y a las tres son las dos[2],
tus dos, o tus doce de ayer,
o las de un día cualquiera
de un año ya anciano,
de una era anterior[3].
Desoyes la voluntad del tiempo,
su sentido[4],
con un ínfimo milagro[5]
que no cabe
en las vastas regiones
de lo cierto.
Y te olvida la muerte[6],
por algún motivo
no se acuerda de ti.
Acaso ser lágrima,
mínima fracción de nitidez[7],
explique el descuido.
Quién sabe, quizá, tal vez.
Ausente la razón,
semillas interrogantes[8]
pero solo una respuesta abre:
saber que si hay suerte[9],
si la tienes,
no habrá partida;
nadie te verá morir[10].

[6] *te olvida la muerte.* Aun siendo esta peculiaridad sorprendente, asombra aún más la hipótesis sostenida por algunos científicos a tenor de la cual estas minúsculas medusas podrían reproducir su ciclo antihorario de manera indefinida, razón por la que se especula con la idea de que puedan ser potencialmente inmortales.

[7] *mínima fracción de nitidez.* Compuestos en un 95% de agua (*lágrima*) y un 5% de proteína, los ejemplares adultos no sobrepasan el medio centímetro de diámetro.

[8] *semillas interrogantes.* Semillas como segunda persona del presente de indicativo del verbo semillar (sembrar) y como expresión de su tamaño. Desde la década de los noventa del siglo pasado científicos de varios países investigan el proceso de rejuvenecimiento de un animal campaniforme, gelatinoso y transparente, no mayor que una uña de bebé humano y carente de cerebro y corazón. Desentrañar los complejos mecanismos biológicos que hacen posible este proceso puede ser clave para el desarrollo de técnicas que permitan la regeneración de tejidos y órganos, y base para la aparición de fármacos y terapias más eficaces contra muchas de las dolencias y enfermedades asociadas al envejecimiento de nuestra especie.

[9] *suerte.* Pese a todo, no son pocos los ejemplares de *Turritopsis dohrnii* que acaban siendo presa de los depredadores, se ven afectados por la contaminación de las aguas oceánicas o acaban muriendo en la playa tras un temporal; peligros que las convierten, como cualquier otro animal, en perecederas. Hay quien, por ello, prefiere hablar de estas desconcertantes criaturas como seres «amortales».

[10] *nadie te verá morir.* Si la menor o mayor permanencia de una especie en el planeta ha sido el concepto nuclear sobre el que pivota todo el poemario y el que justifica por entero su escritura, resulta paradójico que para este último poema dedicado a una criatura llamada *quizá* a ser eterna no se incluya la palabra vida,

y sí, en cambio, asomen en él términos relacionados con el campo semántico opuesto: *morir, muerte, partida*. Un peculiar modo, a nuestro juicio, el escogido por el poeta para concluir su obra.

Turritopsis dohrnii

Tabla I. Protagonistas

Nombre científico	Nombre común
Dolania Americana	Efímera (Insecto alado)
Tipula oleracea	Típula (Insecto alado)
Drosophila melanogaster	Mosca de la fruta (Insecto alado)
Culex pipiens	Mosquito común (Insecto alado)
Danaus plexippus	Mariposa monarca (Insecto alado)
Anax imperator	Libélula emperador (Insecto alado)
Apis mellifera	Abeja de la miel (Insecto alado)
Furcifer labordi	Camaleón de Labord (Reptil)
Thaumoctopus mimicus	Pulpo mimo (Molusco cefalópodo)
Mus musculus	Ratón común (Mamífero roedor)
Didelphis albibentris	Zarigüeya (Mamífero marsupial)
Lithobates sylvaticus	Rana de la madera (Anfibio)
Phyllopteryx taeniolatus	Dragón marino (Pez óseo)
Talpa occidentalis	Topo ibérico (Mamífero roedor)
Apus apus	Vencejo común (Ave apodiforme*)
Salmo salar	Salmón atlántico (Pez óseo)
Canis lupus	Lobo (Mamífero carnívoro)
Aptenodytes forsteri	Pingüino emperador (Ave no voladora)
Bubo bubo	Búho real (Rapaz nocturna)
Pan paniscus	Bonobo (Mamífero primate)
Ara macao	Guacamayo bandera (Ave)
Tachyglossus aculeatus	Equidna australiano (Mamífero ovíparo)

* Ver página 91

Nombre científico	Nombre común
Carcharodon carcharias	Tiburón blanco (Pez cartilaginoso)
Loxondonta africana	Elefante africano (Mamífero terrestre)
Dermochelys coriacea	Tortuga laúd (Reptil marino)
Megaptera novaeangliae	Yubarta (Mamífero marino)
Escarpia laminata	Gusano tubícola (Gusano marino)
Arctica islandica	Almeja de Islandia (Molusco bivalvo)
Fitzroya cupressoides**	Alerce patagónico (Conífera)
Turritopsis dorhnii	Medusa inmortal (Hidrozoo)

** Todas las especies pertenecen al reino animal, salvo el alerce patagónico (reino de las plantas).

Tabla 2. Estancias

Especie	Lovengevidad estimada
Dolania Americana	Etapa adulta: Entre 5 y 15 minutos
Tipula oleracea	Etapa adulta: unos 10 días
Drosophila melanogaster	Etapa adulta: en torno a un mes
Culex pipiens	Etapa adulta: (hembra): unas 6 semanas
Danaus plexippus	Etapa adulta: 6-7 semanas
Anax imperator	Etapa adulta: alrededor de dos meses
Apis mellifera	Obreras: entre 90 y 100 días
Furcifer labordi	Etapa adulta: unos cuatro meses
Thaumoctopus mimicus	Estimada entre seis y nueve meses
Mus musculus	Alrededor de dos años
Didelphis albibentris	Entre dos y tres años
Lithobates sylvaticus	Unos tres años
Phyllopteryx taeniolatus	Entre seis y siete años
Talpa occidentalis	Hasta siete años
Apus apus	Unos once años
Salmo salar	Hasta trece años
Canis lupus	Hasta 15 años
Aptenodytes forsteri	Entre 15 y 20 años
Bubo bubo	Más de 20 años
Pan paniscus	Unos 40 años en entornos no salvajes
Ara macao	Hasta cincuenta años en libertad
Tachyglossus aculeatus	Sesenta años en cautividad
Carcharodon carcharias	Se estima que viven más de sesenta años

Especie	Lovengevidad estimada
Loxondonta africana	Unos setenta años
Dermochelys coriacea	Ochenta años, quizá más.
Megaptera novaeangliae	Hasta cien años
Escarpia laminata	Trescientos años o más
Arctica islandica	Más de quinientos años
Fitzroya cupressoides*	Más de cinco mil años
Turritopsis dorhnii	Se piensa que puede vivir eternamente

* Al ejemplar conocido como «Gran abuelo» se le calcula una edad cercana a los 5 500 años.

Referencias bibliográficas

CITAS

WHITMAN, Walt Poetry Foundation.. *Song of* myself. 1892

SÉNECA, Lucio Anneo. *Sobre la vida feliz. Sobre la brevedad de la vida.* Traducción de Juan Mariné Isidro y prólogo de Antonio Cascón Dorado. Gredos, 2020.

LOSADA GAHETE, José Ángel. *Prontuario.* Segunda parte de *Sarmientos en la herida.* Colección de poesía Alcazaba. Dpto. de Publicaciones de la Diputación de Badajoz, 2023.

PRÓLOGO

CROSBY, James O. *Francisco de Quevedo. Poesía varia.* Editorial Cátedra. 1987

QUEVEDO, Francisco de. *El Parnasso Español: monte en dos cumbres dividido, con las nueve musas castellanas...*

BLASCO, María. (9 de julio de 2019). ¿Por qué las personas vivimos 90 años y los ratones solo dos? *La voz de Galicia.* (https://www.lavozdegalicia.es)

MELÉNDEZ DÍEZ, Demetrio. *Poesía elemental.* Edición de Imanol Mendizábal. Editorial RIL, 2019

GÓMEZ TOMÉ, Adolfo *Lecciones de zoología básica en mi jardín.* Ilustraciones de Susana Santos Donoso. RIL Editores, 2022.

CUENCA, Luis Alberto de. *El triunfo de estar vivo (Obra poética 1996-2022).* Edición de Ricardo Virtanen. Cátedra, Colección Letras Hispánicas, 2024.

LÓPEZ ÁVILA, Pilar y RUIFERNANDEZ, Patricia. *Tierra de pájaros*. Epílogo de Joaquín Araujo. Editorial Papel Continuo. Cáceres, 2024.

CALDERÓN DE LA BARCA, Pedro. *La vida es sueño*. Edición de Enrique Rull. Penguin Random House. Colección Clásicos, 2015.

ARSUAGA, Juan Luis (1 de marzo de 2019). "¿Eternamente viejos?". *El periódico*. (https://www.elperiodico.com)

PECELLÍN LANCHARRO, Manuel. *Relumbres de espejuelos*. Beturia, 2010.

POEMAS

En la orilla (Ephemera danica)

CHIRBES, Rafael. *En la Orilla*. Anagrama. Barcelona, 2013.

LLOYD, John y MITCHINSON, John. *El nuevo pequeño gran libro de la ignorancia*. Paidós. Col. Contextos, 2012

FERIA HURTADO, Luciano. *Sentido y melancolía*. RIL, 2020.

Si te dicen que caí (Tipula oleracea)

MARSÉ, Juan. *Si te dicen que caí*. Lumen, 2009.

DOSTOIEVSKI, Fiodor. *Crimen y castigo*. Traducción de Rafael Cansinos Assens. Penguin Clásicos, 2015.

El árbol de la ciencia (Drosophila melanogaster)

BAROJA, Pío. *El árbol de la ciencia*. Alianza editorial, 1984.

GÉNESIS. Traducción del hebreo de Javier Alonso López. Blackie Books. Colección Clásicos Liberados. 2021

El sueño de una noche de verano (Culex pipiens)

SHAKESPEARE, William. *Sueño de una noche de verano*. Prólogo de Vicente Molina Foix. Alianza editorial. Colección Biblioteca de autor, 2011.

La lengua de las mariposas (Danaus plexippus)

RIVAS, Manuel. ¿Qué me quieres, amor? Alfaguara, 1996.

FRAY LUIS DE LEÓN. Poesía. Edición de Manuel Durán y Michael Atlee. Cátedra, 1983.

La rosa de los vientos (Anax imperator)

ESPINA, Concha. *La rosa de los vientos*. Espasa Calpe, Colección Austral, 1984.

Nada (Apis mellifera)

LAFORET, Carmen. Cátedra. Colección cinco décadas, 2023.

HESÍODO. *Trabajos y días*. Introducción, traducción y notas de Aurelio Pérez Jiménez y Alfonso Martínez Díez. Gredos, 1978.

RODRÍGUEZ ADRADOS, Francisco. "La composición de los poemas hesiódicos". *Revista Emérita,* nº 59. 2001, pp. 197-223.

CELA, Camilo José. *La colmena.* Edición de Jorge Urrutia. Cátedra. Colección Letras hispánicas, 2018.

MAETERLINCK, Maurice. *La vida de las abejas.* Ariel, 2018.

La buena lluvia sabe cuándo caer (Furcifer labordi)

MIN, Anchee. *La buena lluvia sabe cuándo caer.* Traducción de Ángeles Leiva Morales. Grijalbo, 2016.

Todos los nombres (Thaumoctopus mimicus)

SARAMAGO, José. *Todos los nombres.* Alfaguara, 2022.

Mil y una noches (Mus musculus)

PEÑA MARTÍN, Salvador (editor). *Mil y una noches.* Editorial Verbum, 2021.

Mientras estamos muertos (Didelphis albiventris)

OVEJERO, José. *Mientras estamos muertos.* Páginas de espuma, 2022.

MONSÓ, Susana. *La zarigüeya de Schrödinger. Cómo viven y entienden la muerte los animales.* Plaza y Valdés Editores, 2021.

Lo raro es vivir (Lithobates sylvaticus)

MARTÍN GAITE, Carmen. *Lo raro es vivir.* Anagrama. Narrativas Hispánicas, 1996.

—, *Ritmo lento.* Destino, 1975.

Los hombres del mar (*Phyllopteryx taeniolatus*)

HANSEN, Konrad. *Los hombres del mar (Una saga del siglo X)*. Edhasa, 1996.

SAN ISIDORO DE SEVILLA. *Etimologías*. Edición Bilingüe. Texto latino, traducción y notas por José Oroz Reta, y Manuel Marcos Casquero. Biblioteca de Autores Cristianos. Madrid, 2004.

El suelo bajo sus pies (*Talpa occidentalis*)

RUSHDIE, Salman. *El suelo bajo sus pies*. Traducción de Miguel Sáenz. Debolsillo, 2011.

TORBADO, Jesús y LEGINECHE, Manuel. *Los topos*. Argos Vergara, 1977.

Más allá del invierno (*Apus apus*)

ALLENDE, Isabel. *Más allá del invierno*. Plaza&Janés, 2017.

ARAMBURU, Fernando. *Los vencejos*. Tusquets, 2021.

Memoria del frío (*Salmo salar*)

MARTÍNEZ DEL ARCO, Miguel. *Memoria del frío*. Prólogo de Edurne Portela. Hoja de Lata Editorial, 2021.

MACHADO, Antonio. *Poesías completas*. Prólogo de Manuel Alvar. Espasa-Calpe. Selecciones Austral, 1984.

El bosque sabe tu nombre (*Canis lupus*)

LECEAGA, Alaitz. *El bosque sabe tu nombre*. Ediciones B, 2018.

Aún es de día (*Aptenodytes forsteri*)

DELIBES, Miguel. *Aún es de día*. Ediciones Destino, 2010.

El monarca de las sombras (*Bubo bubo*)

CERCAS, Javier. *El monarca de las sombras*. Literatura Random House, 2017.

HOMERO. *Odisea*. Introducción de Manuel Fernández-Galiano. Traducción de José Manuel, Pabón. Gredos, 1993.

El río (*Pan paniscus*)

MATUTE, Ana María. *El río*. Ilustrado por Rocío Martínez Pérez. Nórdica libros, 2019.

Toda la noche oyeron pasar pájaros (*Ara macao*)

CABALLERO BONALD, José Manuel. *Toda la noche oyeron pasar pájaros*. Seix Barral, 2006.

Los colores del incendio (*Tachyglossus aculeatus*)

LEMAITRE, Pierre. *Los colores del incendio*. Traducción de José Antonio Soriano Marco. Ediciones Salamandra, 2020.

La escala de los mapas (*Carcharodon carcharias*)

GOPEGUI, Belén. *La escala de los mapas*. Anagrama, 1993.

El libro de la selva (*Loxodonta africana*)

KIPLING, Rudyard. *El libro de la selva*. Gribaudo, 2018.
ESTRELLA PAVO, Benito. *Educar a la intemperie*. RIL editores, 2022.

El lugar de la cita (*Dermochelys coriacea*)

FERIA HURTADO, Luciano. *El lugar de la cita*. RIL editores, 2019.
—, *Sentido y melancolía*. RIL editores, 2020.

La voz dormida (*Balaena mysticetus*)

CHACÓN, Dulce. *La voz dormida*. Alfaguara, 2002.
MELVILLE, Herman. *Moby Dick*. Alianza Editorial, 2018.

El ruido del tiempo (*Escarpia laminata*)

BARNES, Julian. *El ruido del tiempo*. Traducción de Jaime Zulaika. Anagrama, 2016.

Cien años de soledad (*Arctica islandica*)

GARCÍA MÁRQUEZ, Gabriel. *Cien años de soledad*. Edición de Jacques Joset. Cátedra. Letras Hispánicas, 2007.

El señor de los anillos (*Fitzroya cupressoides*)

TOLKIEN, J.R.R. *El señor de los anillos*. Traducción de Matilde Luis Domènech. Minotauro, 2022.

MISTRAL, Gabriela. "Plantas de Chile. Recado sobre el alerce". Texto mecanografiado. Petrópolis, Brasil, 1945.

No te veré morir (*Turritopsis dohrnii*)

MUÑOZ MOLINA, Antonio. *No te veré morir*. Seix Barral, 2023.

VILARIÑO, Idea. *Poemas de amor*. Acali Editorial. Montevideo, 1979.

CORTÉS, Rodrigo. *A las tres son las dos*. Colección *Tragos*. Editorial Delirio, 2013.

Procedencia de los códigos QR

Dolania americana
Creative Commons. (20/5/2004)
Imagen de *Ephemera danica*. Autoría: Marciel Karssies.

Tipula oleracea
Carbajal, A. (2021, 17 agosto). *Por qué no deberías matar a estos «mosquitos gigantes» que preservan el medioambiente.* Cadena SER.

Drosophila melanogaster
Facultad Ciencias Biológicas Universidad Católica, Chile. (2021, 25 marzo). *La mosca Drosophila como modelo de estudio en Biología* [Vídeo].

Culex pipiens
La trompa del mosquito, un arma letal. (s. f.). Higiene Ambiental.

Danaus plexippus
La gran migración de la mariposa monarca. (2021, 21 marzo). World Wild Life.

Anax imperator
Libélula Anax imperator. (s. f.). La Provincia. Diputación de Málaga.

Apis mellifera
De Miguel Rey, F. (s. f.). *Las abejas obreras.* Miel de Málaga.

Furcifer labordi
Nature on PBS. (2024, 25 enero). *La hembra de camaleón estalla en colores antes de morir.* [Vídeo]. YouTube.

Thaumoctopus mimicus
Sinoloveo Nolocreo. (2020, 4 septiembre). *Curiosidades de los pulpos. El pulpo imitador* [Vídeo]. YouTube.

Mus musculus
NoticiasMás. (2024, 18 abril). *Monumento al Ratón de Laboratorio, la escultura que honra el sacrificio de ratones por la ciencia* [Vídeo]. YouTube.
Didelphis albiventris
Videlo. (2020, 17 noviembre). *Esta zarigüeya se hace la muerta delante de un fotógrafo* [Vídeo]. YouTube.

Lithobates sylvaticus
Smithsonian Channel. (2015, 19 junio). *Frogsicles: Frozen but Still Alive* [Vídeo]. YouTube.

Phyllopteryx taeniolatus
Administración de la web. (2020, 30 noviembre). *Phyllopteryx taeniolatus, el dragón de mar común*. La Guía del Acuario.

Talpa occidentalis
Ruiz, M. E. (s. f.). *Topo ibérico (Talpa occidentalis)*. Miradas cantábricas.

Apus apus
Mundo de las Aves. (2021, 25 mayo). *El ave que vuela dormida* [Vídeo]. YouTube.

Salmo salar
Más que Pájaros. (2018, 4 diciembre). *El viaje del salmón* [Vídeo]. YouTube.

Canis lupus
Tierra y Mar. Espacio Protegido. Canal Sur. (2016, 27 junio). *El lobo ibérico en Andalucía* [Vídeo]. YouTube.

Aptenodytes forsteri
Mundo de las Aves. (2022, 11 marzo). *Pingüino emperador, 10 datos curiosos.* [Vídeo]. YouTube.

Bubo bubo
Rafa Kerstiens. (2014, 2 agosto). *El búho real (bubo bubo)* [Vídeo]. YouTube.

Pan paniscus
Krisangel23GodlessTv. (2011, 16 abril). *Reportaje de Science Nation sobre los Bonobos. (Subtitulado al Español)* [Vídeo]. YouTube.

Ara macao
Mundo de las Aves. (2022b, mayo 9). *Guacamayo escarlata, 10 datos curiosos. (Extinción, Cuidados, Alimento)* [Vídeo]. YouTube.

Tachyglossus aculeatus
Creative Commons. (19/1/2011) Autoría: Donald Hobern

Carcharodon carcharias
LaSexta.com. (2019, 21 enero). *Escalofriante: submarinistas tocan a ‹Deep Blue›, el tiburón blanco más grande del mundo.* LaSexta.

Loxodonta africana
National Geographic España. (2013, 21 enero). *Elefante africano, el tanque de la naturaleza* [Vídeo]. YouTube.
Dermochelys coriácea

Datos curiosos de animales. (2022, 30 noviembre). *Tortuga laúd - la tortuga más grande del mundo* | Datos curiosos de animales [Vídeo]. YouTube.

Megaptera novaeangliae.
Planeta Eco. (2015, 25 junio). *Canto de ballena Jorobada* [Vídeo]. YouTube.

Escarpia laminata
Science and more. (2017, 24 julio). *This creature lives almost 300 years and does not need the sun.* [Vídeo]. YouTube.

Arctica islandica
Guerrero, T. (2016, 6 diciembre). *La almeja que vive 500 años permite reconstruir la historia climática del Atlántico Norte.* Diario El Mundo.

Fitzroya cupressoides
Valle, I. (2024, 2 mayo). *El árbol más antiguo de la Tierra: 30 metros de altura, más de cinco milenios y endémico de Sudamérica.* 20minutos.es

Turritopsis dohrnii.
National Geographic . (2022, 1 septiembre). *El nuevo hallazgo ha desvelado los mecanismos genéticos que permiten a esta especie regenerarse a sí misma de forma infinita.* National Geographic.

Índice

Este libro se terminó de imprimir
en febrero de 2026

RIL® editores • España

europa@rileditores.com

Se utilizó tecnología de última generación que reduce el im-
pacto medioambiental, pues ocupa estrictamente el papel
necesario para su producción. y se aplicaron altos estánda-
res para la gestión y reciclaje de desechos en toda la cadena
de producción.